LA ANIMACION SOCIOCULTURAL:

una propuesta metodológica

promoción cultural

LA ANIMACION SOCIOCULTURAL:

una propuesta metodológica

Fernando Cembranos,
David H. Montesinos y María Bustelo

Undécima edición

Editorial Popular

Este libro está dedicado a los pueblos
que, como Marinaleda,
luchan por un reparto más justo
de la riqueza de esta tierra.

A Enrique Arnanz, Rosa Torrente y Avelino Hernández,
valiosos colaboradores en la elaboración de este libro.

A nuestros interlocutores en cursos, jornadas, tertulias
y otros encuentros de aprendizaje.

Primera edición: Octubre, 1988
Segunda edición: Noviembre, 1989
Tercera edición: Abril, 1992
Cuarta edición: Abril, 1994
Quinta edición: Noviembre, 1995
Sexta edición: Noviembre, 1997
Séptima edición: Noviembre, 1999
Octava edición: Septiembre, 2001
Novena edición: Octubre, 2002
Décima edición: Octubre, 2003
Undécima edición: Octubre, 2004

C/ Doctor Esquerdo, 173. 6° I 28007 Madrid
Tel: 91 409 35 73 Fax: 91 573 41 73
e-mail: epopular@infornet.es
http://www.editorialpopular.com

Diseño de cubierta: Marcelo Spotti

Imprime: Cofás

I.S.B.N.: 84-7884-163-6
Deposito Legal: M-46.127-2004
Printed in Spain - Impreso en España

Prólogo a la nueva edición

Ya han pasado más de diez años de la presentación de este libro que tienes ahora en tus manos y con ésta son nueve las ediciones que han visto la luz. Los autores han incorporado a sus vidas no sólo catorce años más, también multitud de experiencias y aprendizajes que, en coherencia con aquello que Avelino Fernández describía en el prólogo a la primera edición, les ha puesto en disposición de continuar investigando, creando y aportando nuevas ideas y "propuestas metodológicas" para la cualificación de la intervención sociocultural.

Desde 1988 hasta este momento, y en un intento de ofrecer soporte académico y profesionalizar la intervención social y cultural, se han formalizado nuevas especialidades en el sistema educativo, desde Técnicos Medios en el ámbito de la formación profesional, hasta Diplomaturas Universitarias, Másters o Cursos de Posgrado. En casi todos ellos este libro ha sido recomendado como manual de referencia, algo que no podíamos imaginar cuando lo escribimos, pero que nos ha comprometido más aún con su contenido y con nuestra práctica profesional. Pero también el libro es consulta frecuente de un gran número de personas que voluntariamente se implican en procesos de desarrollo social y cultural, en España y en América latina.

Haber contribuido modestamente al quehacer cotidiano de tanta gente que, voluntaria o profesional, enriqueciendo el significado y el contenido de la animación sociocultural, convirtiendo métodos de trabajo a veces sofisticados en asequibles y facilitando la comprensión de la realidad que les circunda, es suficiente estímulo para comprometernos en nuevas y continuas aportaciones para colaborar en la construcción de una sociedad cuya prioridad sean los seres humanos y sus necesidades esenciales de crecimiento personal y colectivo, en paz con el planeta.

Los autores

Presentación

I

Los tres autores de este libro han dicho adiós ayer, como quien dice, a los veinticinco años.

Y se han permitido ya darse de baja en Metra Seis, captar en vivo el pálpito de Iberoamérica, o licenciarse en Illinois.

Han recorrido Irlanda en bicicleta; la Alpujarra de Granada; y Navafría en invierno... Este verano fueron a Checoslovaquia.

Al volante rara vez bajan de los 130.

Trabajan con un Apple Macintosh.

No se pierden ningun Coppola, Win Wenders o Jarmush.

Pero erróneamente no aprecian el vino.

Con absoluto respeto, carecen de discos de Paco Ibañez y no estuvieron en el revival de Raimón.

Llámales si quieres intercambiar temas de la New Age, Wim Mertens, Sting, Path Metheny o Dire Straits.

Cuando comenté que me agradaría releerlo, me prestaron Small is beautiful.

Y ahora me han pedido que les preste El punto crucial *porque lo quieren leer.*

Ignoran el sentido exacto de algunos términos -célula, agrupación, comunidad de base...- que fueron necesarios.

Están en la promoción sociocultural porque quieren.
Son la segunda generación.
Gente nueva.
Otra gente.

II

A los tres autores de este libro, a veces, se les oye decir que habrían agradecido ser herederos de una profesión mejor estructurada; con un soporte de ideas más consistente; con un perfil más nítido en sus cometidos. Menos evanescente... Con más rigor.

Y cuando, tras evocarles aquello de los condicionantes y de la trayectoria, alguien con perspectiva les sugirió "es vuestra hora, decid vuestra palabra", se han sumado los tres y, de consuno, la han dicho.

Este libro es su fruto.

Quede, pues, consignado aquí este gesto de responsable coherencia.

III

Los tres autores de este libro han leído mucho sobre animación sociocultural; lo necesitaban para su trabajo.

De la producción española lo han leído todo.

Y, sin embargo, quien lea su texto, buscará inútilmente en él la huella de lo mucho leído.

— Nada hallará del viejo discurso que bobamente se preguntaba por el consistir de la profesión, el perfil de quienes la ejercen y su relación con los quehaceres adyacentes.

— Nada hallará de esa terminología pseudotécnica, insípida de puro destilada, que es el refugio preferido por la pereza mental para echarse la siesta.

El caudal de su aportación proviene de fuentes distintas, es quizá el fruto primero de un hecho que se generaliza: el trasvase de profesionales de disciplinas diversas a la práctica de la promoción sociocultural.

Como no puede ser de otro modo, estas gentes traen consigo formulaciones técnicas y metodológicas que, contrastadas, enriquecen la práctica a la que se incorporan llegando a abrirle nuevas perspectivas.

Es el caso de nuestros tres autores.

Y su fruto es este libro.

IV

Los tres autores de este libro son socios creadores de la Fundación Naturaleza y Cultura, adheridos a Green Peace, partidarios de la tipificación del delito ecológico, y manifestantes activos en pro de cuantos cabaneros, dragoneras, bárdenas o columbretes haya que preservar en este país.

La paz ocupa el renglón primero en su lista de valores sociales; y en su apreciación contiene la justicia y la solidaridad.

Aprecian tanto la vida que se han creado un estilo propio de sacarle partido. Y les va bien. Sólo el tabaco les perjudica.

La libertad no se identifica en ellos con "situación de democracia". Tiene más que ver con la vivencia real de los derechos, por lo que implica el quebrantamiento de las restricciones que impiden ejercerlos. Y ellos mismos habitualmente las quebrantan.

Pertenecen, pues, al género de gente que tiene motivos para manifestarse y causas por cuyo avance bregar; más allá del chato y omni-

presente marcarse el éxito propio. (Asunto éste, por otra parte, en el que tampoco les va mal).

Dicho sea todo lo que antecede para aclararle las cosas a algún lector tentado, si lo hubiere, a culpar a los tres autores de este libro de mantenerse en la estricta asepsia metodológica.

V

Los tres autores de este libro pertenecen al equipo de direccion técnica del Proyecto Culturalcampo.

Es decir, están haciendo más -otra cosa- que animación sociocultural.

Su escrito. no obstante, se ciñe a este quehacer, en un intento de cualificarlo.

Pero ellos mismos me dijeron al concluirlo: va siendo preciso que aparezcan textos para la cualificación de la intervención cultural.

Yo les añadí: y para incorporar los criterios de la innovación y la ingeniería cultural.

Y quedó en el aire el reto.

Avelino Hernández

Capítulo I
Planteamiento

En este capítulo vas a encontrar:

- Una introducción al contexto de la animación sociocultural en el que surge este libro.
- Una aproximación al concepto de animación sociocultural.
- Una reflexión sobre el papel de la metodología.
- Unas líneas sobre la estructura de este libro.

1. Introducción

La literatura existente sobre el origen, desarrollo, tipología, concepto, definición y teoría de la animación sociocultural, hace pensar que el avance, hoy, en la animación no se centra tanto en nuevos desarrollos conceptuales—que siempre serán bienvenidos—, sino en cómo llevar a cabo lo que ya está escrito y reflexionado.

Se hace necesario, por tanto, desarrollar con un referente de realidad las muchas palabras y principios que sobre esta materia ya se han vertido. Cargar las palabras de fuerza y significado a base de realizaciones, movimientos, acciones, formas, métodos y perspectivas, para que no se las lleve el viento, como a tantos otros discursos, como a tantas otras palabras.

En este sentido, el propósito de este libro se sitúa más en el *cómo se puede hacer* la animación sociocultural que en el *qué es;* más en la forma de hacer la práctica de la animación, que en los supuestos teóricos que la sustentan.

El hecho comprobado de que no existe metodología aséptica, que cualquier método se apoya en una forma de entender las cosas y en unos supuestos previos, hace necesario referirse al concepto de animación sociocultural del que se parte y aportar algunas reflexiones sobre los criterios que giran en torno a ella. A continuación se expone una visión de la metodología de la animación sociocultural, en general, y por último el enfoque metodológico de este libro.

2. El concepto de animación sociocultural

Interpretaremos como *animación sociocultural,* el proceso que se dirige a la organización de las personas para realizar proyectos e iniciativas desde la cultura y para el desarrollo social.

Esta interpretación del concepto de animación sociocultural se complementa con una serie de anotaciones a los cuatro ejes semánticos que la componen:

- La cultura
- La organización de las personas
- Los proyectos e iniciativas
- El desarrollo social

La cultura

La *cultura* puede entenderse como el conjunto de hábitos, formas, saberes y manifestaciones que los pueblos han ido configurando como resultado de su lucha por la supervivencia y su posicionamiento por las cosas importantes de la vida.

Una parte importante de la cultura es patrimonio del inconsciente colectivo, es resultado de una evolución histórica, producto de la relación de las personas y colectividades con su medio. La cultura por la que trabaja la animación sociocultural es la *cultura consciente.* Aquella que no es tanto un resultado, sino una decisión consciente de cómo se quiere ser, qué formas se quieren tener, qué saberes se quieren desarrollar; una cultura que mira hacia el futuro, aun cuando se apoye y tenga en cuenta la cultura inconsciente, la cultura del pasado.

Un paso más es el que pretende la animación sociocultural: no sólo una cultura-consciente, sino una cultura inteligente. Es lo que se podría denominar como el trabajo por el desarrollo de la *inteligencia social.* No se trata solo de moverse y actuar como colectivos sino de hacerlo inteligentemente. Con capacidad para analizar la realidad y responder a los problemas que en ella se encuentran. Con capacidad para modificar los planteamientos y las respuestas en función de una realidad cambiante. Con capacidad para criticar y desembarazarse de aquellos aspectos de la cultura que son contrarios al crecimiento de los pueblos, que frenan sus posibilidades y favorecen la resignación, la anomia y el aburrimiento social.

La inteligencia social ha de dar paso a la *creatividad social,* que supone la capacidad de generar respuestas y construir espacios nuevos para una realidad incompleta, inacabada e injusta. Creatividad que implica la creencia de que hay sitio para las aportaciones de la colectividad y, si no, hay que buscarlo. La realidad no es definitiva y depende también de lo que las organizaciones de base sean capaces de incorporar, cuando éstas toman conciencia de su responsabilidad en la construcción social de la realidad.

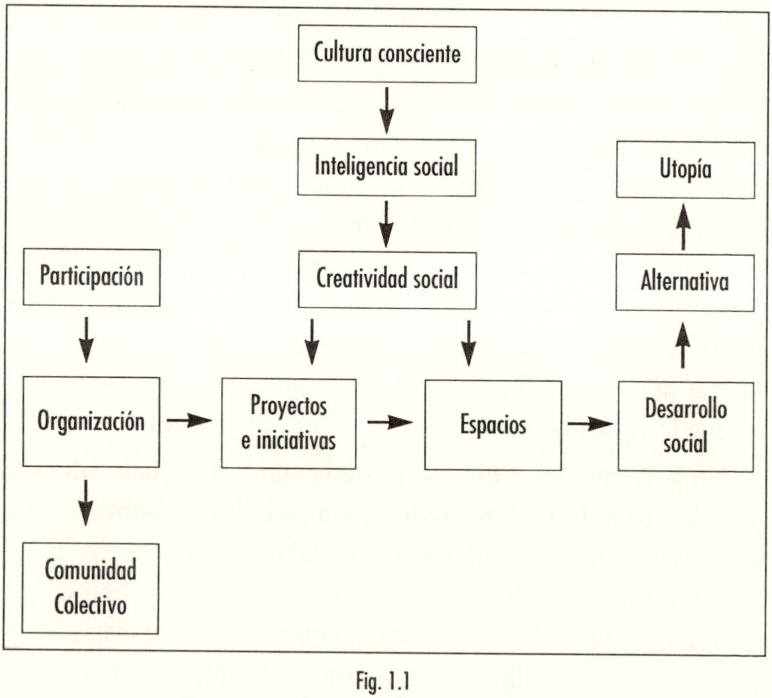

Fig. 1.1
Ejes semánticos del concepto de animación sociocultural

La organización de las personas

La organización de las personas en la animación sociocultural lleva implícita la creencia en la comunidad y el trabajo por la participación.

Creencia en la *comunidad,* que significa: la toma de conciencia como colectividad, la potenciación de la capacidad colectiva para afrontar y resolver los problemas que le son comunes y, en definitiva, la implicación de la comunidad en su propio desarrollo.

La colectividad, cuando sólo es una suma de personas que se "chocan" entre sí, es siempre estéril para la resolución común de los problemas que les afectan. De ahí la necesidad del paso a la organización de las personas y a la articulación de las organizaciones para dotar a la comunidad de un sistema socialmente «inteligente», con capacidad para responder, proponer, realizar, construir, relacionarse, controlar, adaptar y renovarse.

La participacion social es uno de los primeros pasos para la organización de la comunidad. Como tal, requiere ser considerado como un proceso, gradual o dialéctico, donde se ha de percibir la utilidad de la participación y donde la formación para la participación es uno de sus requisitos imprescindibles. La participación social es también uno de los aspectos que diferencian las iniciativas llevadas a cabo desde la animación sociocultural, de otras de diferente origen. Introduce, por tanto, un criterio adicional en la valoración de los proyectos y en el diseño de los mismos.

Los proyectos e iniciativas

Proyectos e iniciativas que conquisten *espacios.* Espacios para el encuentro comunitario, para la creación, la toma de decisiones, para las iniciativas de base, el aprendizaje, para las realizaciones de la cultura. Que conquisten también el espacio socioeconómico, la comunicación, la producción teórica, el diseño urbano, el medio natural.

Realizaciones que, no por ser producto del trabajo en común y la participacion social, han de estar asociadas a la inestabilidad, ineficacia y ausencia de calidad, pues esta sería una de las formas más eficaces de tirar por tierra la confianza en las creaciones y actuaciones colectivas.

Para lo cual es necesario ir introduciendo el criterio de rigor colectivo, las aportaciones científicas y la formación especializada. Sin minusvalorar por ello cualquier iniciativa que comienza, por pequeña y simple que sea, pues todas son necesarias y de éstas pueden surgir las iniciativas más complejas que construyen, de hecho, el espacio social.

■ El desarrollo social

La animación sociocultural ha de ser factor y herramienta de *cambio social* en la dirección del desarrollo social.

El desarrollo social acentúa el desarrollo de todas las personas y de toda la persona, lo que lleva implícita una crítica al modelo actual de desarrollo, que no contempla ninguna de las dos condiciones.

El estado actual del progreso permite, hoy más que nunca, la posibilidad de contar con los recursos técnicos y materiales necesarios, para lograr el avance en el desarrollo social. La dinámica económica y social, entendida desde una perspectiva global, demuestra que tal avance no se ha producido en las dimensiones que cabría esperar desde la óptica de la justicia social. Es preciso, por tanto, formular proyectos y respuestas *alternativas* a esta modalidad de progreso, y éste es un reto al que debe contribuir la animación sociocultural.

La animación ha de trabajar por el diseño de la *utopía de futuro,* sabiendo que será irrealizable si no se generan ahora los signos que la acerquen y se construyen las condiciones que la hagan viable.

3. La metodología

Tras la presentación efectuada sobre el sentido de la animación sociocultural cabe ahora desarrollar el enfoque que, a la metodología de la animación, se le va a otorgar; van a continuación algunas pinceladas:

■ Estructura para el avance

El avance en los procesos socioculturales tiene poco que ver con el azar; antes al contrario, el progreso está en proporción directa con la sistematización de su desarrollo. Pero es más, la animación sociocultural necesita introducir dinámicas de progreso, constatarlas y tener un control de ellas. La metodología cumple la función de estructura para el transcurrir de ese avance. Es una forma de no perder el carro de la evolución social; los detentadores del control social hace tiempo que conocen la importancia de la metodología; la iniciativa popular ha tardado algún tiempo en incorporar el método a su acción cotidiana. Cualquiera puede ser un buen momento para no quedarse definitivamente en las buenas intenciones.

■ Control de las contingencias

La realidad y su propia evolución suelen pillar desprevenidos a los que intervienen sobre ella. Es muy usual que los acontecimientos desborden al trabajo, y que no se ejerza ningún control sobre las contingencias que surgen. Una adecuada utilización de la metodología reduce lo imprevisto al mínimo posible; facilita información de los procesos de acción y, por consiguiente, de la procedencia exacta de errores y aciertos.

■ Racionalidad no se enfrenta a emotividad

El componente humano ocupa una parte considerable en los procesos de animación sociocultural y con él todos los comportarnientos que le son inherentes. La interacción humana debidarnente planteada es un factor de rentabilidad; sin embargo, lleva consigo unas cuantas dosis de inestabilidad latente, que aflorarán en el momento en que la emotividad se haga dueña de las situaciones. Por otro lado, la tarea sociocultural no es lineal; se desenvuelve entre altibajos, entre escollos y trampolines, entre terrenos favorables y desfavorables; la metodología se convierte entonces en el punto de referencia estable que proporciona la suficiente racionalidad a los procesos socioculturales, como para que lo emotivo encuentre también su lugar adecuado.

■ Pero... ¡Hay que ser flexibles!

La metodología no debe dar pie a un metodismo exacerbado; entonces se volvería en contra, y lo que en un primer momento pudo servir como guía de acción, más adelante puede ser una carcasa que lastre el recorrido emprendido. La flexibilidad y la capacidad de adaptación a la irregular realidad con la que hay que enfrentarse son las claves que introducen en la metodología el efecto multiplicador.

Hacer realidad las ideas

En ocasiones las ideas brillantes se deslucen en el momento de ser llevadas a la práctica; quedan así desgastadas antes de ser usadas y proporcionan un aprendizaje negativo para futuras oportunidades. Surgen con frecuencia estas lagunas metodológicas, que sitúan el primer escollo del proceso en su interior mismo. A sugerentes aspiraciones, a ideas innovadoras, es preciso añadir un método de realización. Las primeras sin lo segundo no pasarán de balbuceos; lo segundo sin las primeras diseñará un camino estéril.

4. La propuesta de este libro

El presente libro acomete su propuesta metodológica desde una óptica decididamente didáctica; esto es, con un planteamiento de transmisión de contenidos, cuyo principal valor es -posiblemente- el de enseñar a aprender nuevos y futuros contenidos. Por consiguiente, no se transmitirán tanto conceptos y desarrollos cerrados y acabados en sí mismos, como pautas de aprendizaje y aplicación, métodos para innovar y crear y propuestas abiertas a mejora y ampliación.

La propuesta metodológica que se ofrece aquí parte de un esquema más o menos clásico de la metodología utilizada en la animación sociocultural, para elaborar luego un modelo propio. Este se ha construido de tal forma que pueda ser roto y fragmentado, flexibilizado, ensanchado y adaptado a la medida de la realidad de cada lector. Tiene, pues, un sentido de estímulo para recoger las posibilidades y marcar a partir de ellas las perspectivas.

En cuanto al enfoque metodológico por el que se ha optado para elaborar cada apartado, así como la estructura de conjunto, se inspira en la Teoría General de Sistemas (TGS); teoría mencionada en algún capítulo de forma específica y que se basa en los siguientes principios -aplicables a la propia metodología, entendida ésta como sistema-:

- *Equifinalidad:* la metodología ha de prever diversos métodos y procedimientos para llegar a un mismo fin.
- *Estabilidad:* la metodología debe posibilitar un funcionamiento estable, frente a la posible incidencia de factores externos.
- *Adaptabilidad:* la metodología ha de ser capaz de evolucionar dinámicamente en función del cambio que experimenten las condiciones en las que se desenvuelve, manteniendo su eficacia y la orientacion hacia sus objetivos finales.
- *Eficiencia:* la metodología debe aplicarse con economía de recursos ajustando la relación entre objetivos y posibilidades.
- *Sinergia:* la metodología su conjunto tiene mayor capacidad de avance que cada uno de sus componentes por separado.
- *Retroalimentación:* la metodología incluye los mecanismos correspondientes de retroalimentación informativa, para asegurar los principios de equifinalidad, estabilidad, adaptabilidad, eficiencia y sinergia.

Todo sistema se nutre de una serie de entradas y produce unas salidas fruto de la elaboración realizada en su interior, evaluado todo ello por los mecanismos de control pertinentes. En lo que a metodología de la animación sociocultural se refiere, las entradas provienen de la realidad en la que se desarrolla, las salidas son las acciones que van configurando el cambio social que se plantea como objetivo final del propio sistema; los mecanismos de control se establecen con los diferentes procedimientos de evaluación empleados. El siguiente esquema representa este enfoque sistémico, que a su vez marca la pauta para presentar cada capítulo:

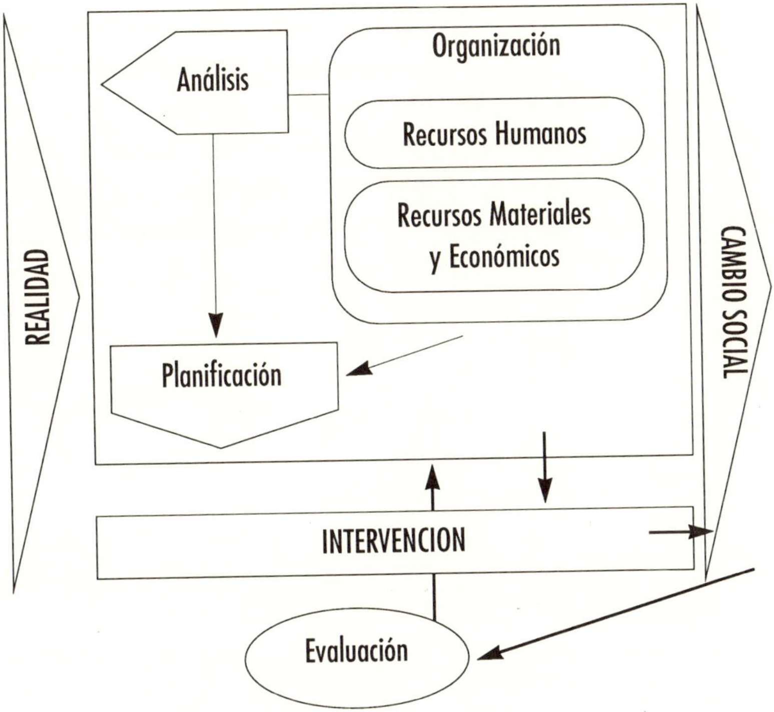

Fig. 1.2

El libro que ahora comienzas ha seguido este mismo enfoque sistémico en su concepción:

-Las *entradas:* la práctica de varios años, las reflexiones colectivas e individuales plasmadas en cientos de papeles, las ideas agolpadas en la cabeza, las horas acumuladas en sesiones de formación, las lecturas voraces de casi todo, las realidades que vivimos...

-Las *salidas:* el propio libro, sus técnicas preparadas para su uso, la invitación a reflexionar sobre la práctica de todos.

-Los *mecanismos de control:* el *feed-back* de los compañeros de viaje, sus comentarios, sus críticas y sugerencias.

Los capítulos responden a la estructura de la metodología de la animación ya enfocada como sistema; añadiendo dos más: uno -con pretensión sugerente- dedicado a la aplicación de la tecnología en la animación, en un estilo más libre que el resto de los apartados, y otro -"y despues del libro qué"- que intenta dejar terminado este texto e invitar a su enriquecimiento, análisis, ampliación o transformación total.

Capítulo II

El análisis de la realidad

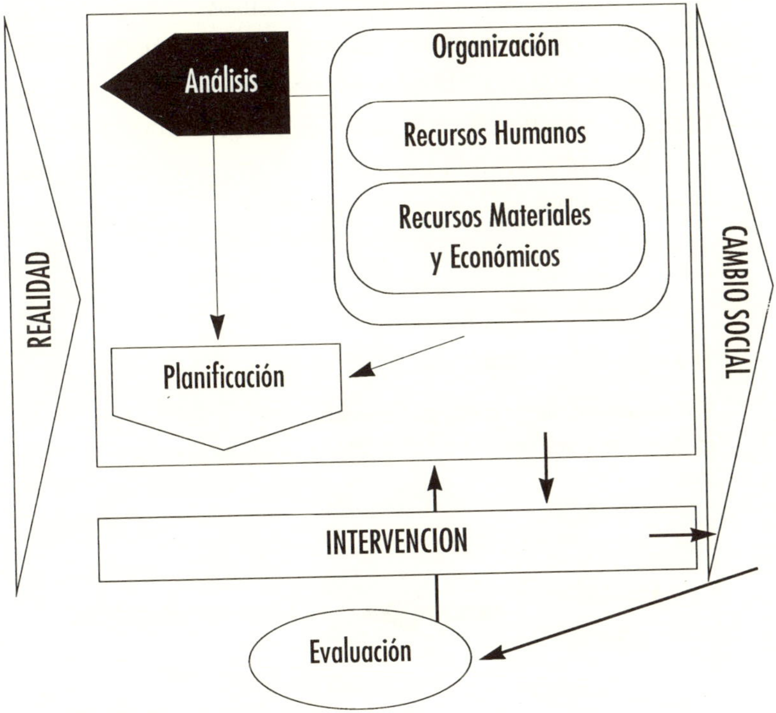

En este capítulo vas a encontrar:

- Una definición del concepto de análisis de realidad.
- Un comentario crítico de lo que hoy se hace en este campo.
- Criterios con los que hacer el análisis.
- Una descripción de los momentos en que consiste, para su aplicación.
- Una serie de técnicas para facilitar la tarea.

1. Concepto

El concepto de análisis de la realidad varía según su ámbito de aplicación. No será el mismo concepto si se está realizando una investigación sociológica pura, un ensayo filosófico o un estudio para una intervención, aunque todos mantienen un elemento común, que es el intento de comprensión de la realidad. El concepto del que parte la animación sociocultural cuando hace análisis de la realidad es el de conocer para transformar, tal y como aparece en el siguiente cuadro:

El análisis de la realidad

Es el conocimiento de la realidad para superarla.
Es decir, saber dónde se está, para saber dónde ir y cómo hacerlo.

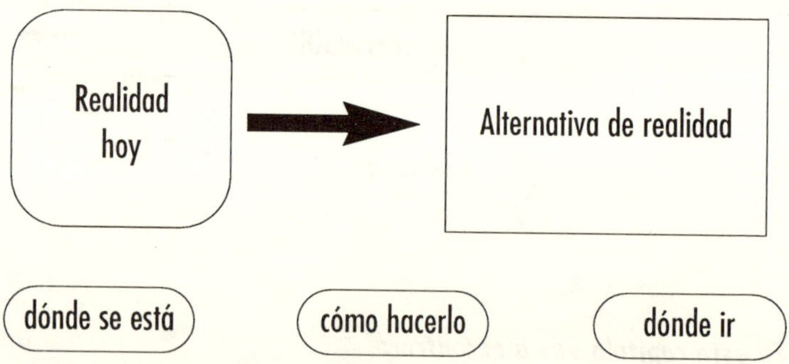

Fig. 2.1
Concepto

Se trata, en definitiva, de conocer la realidad donde se actúa para saber en qué cambiarla y cómo hacerlo.

2. Referencias desde la práctica

La incorporación de los estudios previos, el análisis de la realidad o el diagnóstico de situación han supuesto un avance significativo en la práctica habitual de los procesos de animación y trabajo social. El mero hecho de interpelar la realidad sobre la que se va a actuar y obtener datos sobre ella, sitúa al colectivo, equipo o investigado, en una posición de escucha, condición imprescindible para cualquier proceso de intervención y transformación social.

Sin embargo, estos estudios y análisis previos todavía no han dado de sí todo lo que de ellos cabría esperar. La propia complejidad del fenómeno social, la utilización de una metodología de investigación social "cogida con alfileres", la necesidad de "cubrir el expediente" en los proyectos, una asimilación incompleta de la función del análisis, han llevado con cierta frecuencia a la realización de unos estudios farragosos, inconexos, irrelevantes y en definitiva estériles, pues no sirven para su función principal, la de ajustar la acción a la realidad donde se va a intervenir.

Algunas de las deficiencias fáciles de encontrar en la práctica del análisis de la realidad social son: una fuerte desproporción con el esfuerzo dedicado a la realización y ejecución de planes; una desproporción entre la cuantía de los datos que se recogen y los datos que se usan; algunos datos son directamente irrelevantes y a la vez se olvidan otros que son de mayor interés; en ocasiones se estudia lo que todo el mundo ya sabe; se da prioridad a la cuantificación antes que a la comprensión; la información no retorna a la población estudiada y se desliga el diagnóstico del proceso de acción, cuando es, en el propio proceso, donde se extraen los elementos más potentes para la comprensión de la realidad.

Desproporción entre el esfuerzo dedicado al diagnóstico en relación con el dedicado a la intervención

La cuantía de los presupuestos, personas, medios y tiempo dedicados al estudio de la situación, en relación con estos mismos elementos dedicados a la intervención social de los fenómenos estudiados, es con frecuencia desproporcionada. Hasta el punto de que, en situaciones donde una actuación es prioritaria, toda intervención se reduce al estudio realizado.

Desproporción entre los datos que se recogen y los que se usan

No es extraño encontrar estudios con una enorme cantidad de datos (con el esfuerzo que supone su obtención), y comprobar que no se sabe qué hacer con ellos, cuando se piensa en su aplicación para la acción. El exceso de información con respecto a su tratamiento y aplicación puede responder tanto al planteamiento a ciegas de la investigación, como al desconocimiento de los mecanismos de tratamiento de la información obtenida. En cualquier caso, es necesario introducir el criterio de utilidad al plantear la cantidad de la información que se va a recoger.

Relevancia de la información

El epígrafe anterior se refiere a la cantidad de información; en éste se plantea la relevancia y la significación. Pueden obtenerse datos muy precisos y que no sirvan para nada en relación con lo que se piensa hacer. A la vez, existen muchos datos que no se han obtenido (por dedicarse a los anteriores) y, sin embargo, son de suma importancia para trabajar la realidad. Se sabe que en tal área haya tres asociaciones con 347 socios; pero

¿quiénes trabajan?, ¿qué planes tiene?, ¿cómo se organizan? ¿han tenido algún fracaso reciente?

■ La seducción del número

Un buen estudio debe tener una ingente cantidad de números, ya sea en frecuencias, porcentajes, índices, coeficientes, cocientes, etc. Sin pretender discutir la importancia de la medida en el estudio de los fenómenos sociales, conviene relativizar su utilidad en muchos estudios, sobre todo cuando ésta, la medida, se presenta como único criterio de verdad. A veces parece que no sólo es importante que aparezcan números, sino que además estos han de ser numerosos. Si importante es contar, también lo es saber qué se cuenta y para qué.

■ Demostrar lo evidente

No es la primera vez que, tras un esfuerzo importante de obtención e interpretación de datos, se llega a la conclusión de que "una buena parte de los varones comprendidos entre los 16 y los 55 años de un determinado barrio son fumadores". Si bien es cierto que toda aproximación al conocimiento de la realidad es importante, no es menos cierto que todo el mundo lo sabía antes de realizarse la investigación, y en cualquier caso no sirve para nada si se está pensando en cómo montar una casa de la juventud o elaborando un plan de participación ciudadana.

algo más sobre: **la encuesta**

La encuesta, instrumento idóneo para el recuento en la investigación social, ha sido, con frecuencia, sobreutilizada en la práctica del análisis de la realidad.

Si no se acompaña de otros instrumentos de investigación, presenta fuertes limitaciones en su aplicación en la animación sociocultural:

- no registra otra realidad que la que produce
- convierte a los colectivos en sumas acumuladas
- elimina lo inesperado, lo imprevisto
- reduce lo imaginario a ruido
- no traspasa el inconsciente
- desplaza el centro semántico del sustantivo al adjetivo
- sitúa los sujetos como objetos
- es realmente aburrida en su aplicación

Fig. 2.2
La encuesta

La eliminación del discurso de la población

Numerosos estudios, basados exclusivamente en la encuesta cerrada[1], prescinden del discurso de la población acerca de su realidad, el tipo de metodología empleada, sitúan al interlocutor en la posibilidad de decir sí/no, mucho/poco, pero pocas veces por qué, a cuento de qué. Se elimina la fuerza del sí, la desesperanza del no, la capacidad para cambiar, la razón del ser así, el recuerdo de otros "también", elimina el discurso latente, las defensas, reduce la imaginación a error. Demasiados olvidos para conocer una realidad.

[1] Un estudio más profundo y completo sobre el significado de la encuesta como instrumento de investigación, puede encontrarse en IBÁÑEZ, J., *El grupo de la discusión técnica y crítica*, Siglo XXI, Madrid, 1979.

La patente de los especialistas

Con frecuencia los estudios se presentan con tal complejidad terminológica y metodológica, que no permiten entender los resultados nada más que a los especialistas que lo han realizado, pues las aplicaciones de los resultados, a veces, ni ellos mismos las entienden.

La posesión y el uso de la información

Una vez realizado el estudio, éste retorna a quien lo financió. Irá a engrosar el archivador de estudios financiados con anterioridad. Probablemente no leído, o si leído, no comprendido, o si comprendido, no utilizado para una posterior intervención, su título pasará a la lista de "acciones" emprendidas sobre una situación-problema. Las conclusiones habrán sido transmitidas convenientemente. Si de éstas se desprende la necesidad de adquirir una serie de compromisos que son "comprometidos", ahí terminará la circulación de la información. Si se emprenden acciones por otros especialistas, tampoco ellos utilizarán la información, aunque tal vez realicen un nuevo estudio previo. El colectivo estudiado/relegado del circuito informativo, se preguntará/olvidará para qué le hicieron determinadas observaciones y preguntas.

El diagnóstico detenido en el tiempo

La secuencia habitual de diagnóstico-investigación induce a numerosos errores, pues sitúa el diagnóstico en el principio y lo paraliza en él. La realidad no es estática y, además, *la mayor parte de los datos significativos surge en el transcurso de la acción,* pero en ese momento el estudio-diagnóstico estará cerrado y encuadernado. Sin la consideración de proceso, sin al menos la comparación antes-después y luego ¿qué? (evaluación), los datos serán estériles y carentes de significación.

En resumen, la práctica del análisis de la realidad presenta ciertas deficiencias que lo hacen alejarse de su función principal, que es la investigación para la acción. Cabe resaltar de lo anteriormente expuesto:

- la escasa participación del colectivo o población afectada.
- la desconexión entre el estudio y la acción.
- la consideración estática de la realidad.
- la utilidad de la información que se obtiene.

3. La propuesta metodológica: criterios

Conocer y estudiar una realidad es una operación que se puede resolver, y de hecho se resuelve, de muchas maneras. En este sentido, una metodología de análisis nunca puede, ni debe pretender, acotar todas las formas de acercamiento a una realidad. Sin embargo, en ocasiones, las diferentes formas de análisis conducen a diferentes resultados, en función de los criterios que se sigan y los objetivos que se pretendan.

La presente propuesta metodológica no ha de considerarse un modelo rígido ni acabado. Pretende ser una serie de pautas metodológicas que pueden ser útiles consideradas como conjunto o en alguno de sus momentos de aplicación; puede también cambiarse parcialmente el orden de la secuencia propuesta, pues en la práctica no siempre es posible, ni necesariamente útil, seguir de manera inflexible el orden cronológico propuesto. En definitiva, estas pautas metodológicas, pueden ser mejoradas, ampliadas y superadas por la imaginación y conocimiento de los agentes sociales que las utilicen en su práctica.

Los criterios que se siguen tratan de subsanar algunas de las deficiencias anteriormente descritas. Estos son:

- Una investigación que sea *instrumental,* para la acción social, frente a otros estudios cuya finalidad es el conocimiento en sí mismo; aquí la finalidad es que sirva para actuar sobre la realidad.
- Una acción que se oriente hacia el *cambio social.* Investigación-acción para el cambio social y la superación de la realidad actual.
- Una metodología que cuente con la *participación,* que recupere el habla de los agentes sociales; todos pueden preguntar acerca de su realidad, todos pueden decir algo de su realidad.
- Un autodiagnóstico que es en sí mismo *acción,* pues supone en sí mismo una puesta en marcha de la comunidad o colectivo, cuando se pregunta cuál es su realidad.
- Una forma de investigar que sea *inteligible* para el colectivo que se estudia. *Accesible* a la comunidad que genera la información.
- El análisis del discurso que un colectivo tiene sobre sus condiciones de realidad es ya un acercamiento *crítico* a su propia realidad.
- Un tipo de análisis que sirve de espacio para la *creatividad social,* donde sea posible diseñar el tipo de realidad que se pretende vivir.

4. Los momentos del análisis

El acercamiento a una realidad para conocerla, como ya se ha mencionado, puede ser múltiple. Una realidad se puede conocer desde dentro y desde fuera, en lo objetivo y lo subjetivo, la realidad se puede describir, analizar, interpretar, contar, valorar. Los distintos momentos que aquí se proponen, responden a un tratamiento múltiple en la forma de acercarse a la realidad.

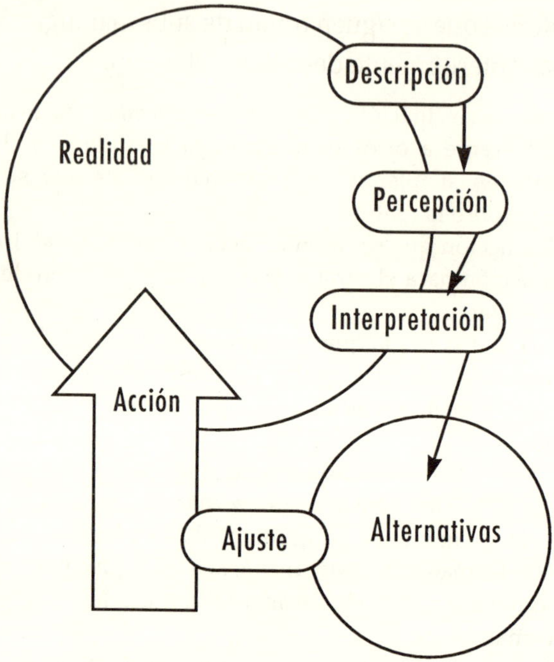

Fig. 2.3
Momentos del análisis

Aunque la información se puede obtener en ocasiones simultáneamente y mezclada, conviene distinguirlos como momentos o aspectos diferentes del análisis. Estos momentos son:

4.1. La descripción

4.2. La percepción social

4.3. La explicación/Interpretación

4.4. Las alternativas

4.5. El ajuste

Se trata de comprender una situación-problema preguntándose qué es lo que hay, qué es lo que no hay (descripción), qué piensa la gente de lo que ocurre (percepción social), por qué la realidad es así (explicación/interpretación), qué otras formas de realidad podrían ser (alternativas), cómo acercar lo que queremos ser a lo que tenemos (ajuste).

Estos momentos se presentan con una secuencia lógica, tal como aparece en el gráfico de la página anterior:

Este orden presenta una secuencia lógica: primero describir, luego entender la percepción social, explicar la realidad, buscar otras formas y finalmente ajustar todos los datos.

Pero también puede comenzarse por otros momentos del análisis y seguirse otros caminos.

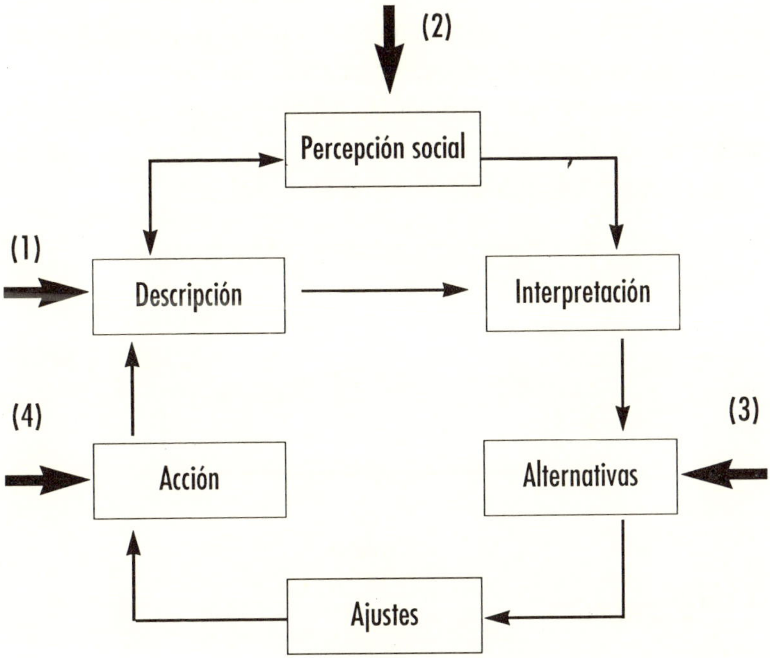

Fig. 2.4
Diferentes caminos

• Se puede empezar explorando lo que la gente piensa y luego completar o contrastar con lo que la descripción dice que hay (2).

• Puede diseñarse la realidad a la que se aspira y posteriormente acudir a la realidad que existe para realizar el ajuste y afinar los planes (3).

• Puede comenzarse realizando acciones de choque que permiten observar la respuesta de la gente (4).

Este planteamiento responde a la idea de sistema que subyace a los procesos de animación sociocultural. Por diferentes caminos se pueden obtener valiosos resultados. Permite también un enfoque más flexible, dinámico y adaptativo.

Se pretende superar también el planteamiento clásico diagnóstico-intervención, insuficiente en la práctica, pues si bien es cierto que es conveniente saber primero para actuar después, también es cierto que después de actuar y moverse es cuando mejor se puede conocer una realidad. Ambos son dos momentos de interacción que se favorecen el uno al otro.

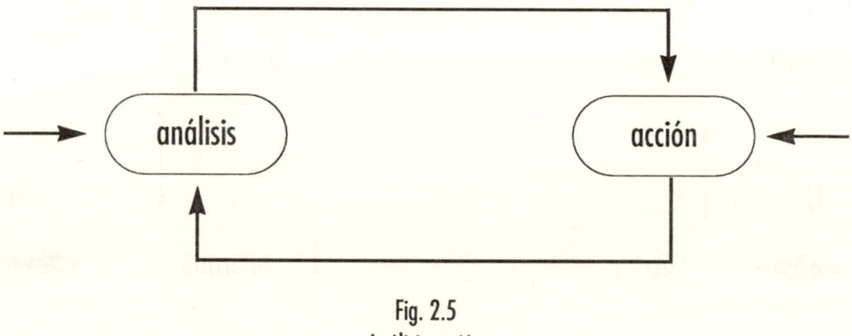

Fig. 2.5
Análisis-acción

4.1. La descripción

Dada una realidad a estudiar, interesa saber qué es lo que se tiene, qué hay, con qué se cuenta. De la misma manera es necesario saber qué falta, qué no se tiene, qué carencias hay, cuáles son las necesidades de la realidad que se estudia. Así pues, el momento descriptivo se desdobla en dos formas, dos caras de la realidad:

a) Descripción de lo que hay.

b) Descripción de lo que no hay.

a) Descripción de lo que hay

Se trata de ir reconstruyendo la realidad que se tiene delante, qué elementos la configura, qué llama la atención, qué permanece más oculto, con qué recursos se cuenta. Si se está estudiando un pueblo o un barrio, habrá que centrar la atención en las personas, las agrupaciones informales, las asociaciones, las organizaciones, instituciones, las diferentes infraestructuras, comunicaciones, fuentes de riqueza, sucesos significativos en la historia, los programas y acciones que hay en marcha, etc.

No se trata, sin embargo, de un mero recuento; es preciso darle un relieve práctico, una significación, con respecto a lo que se piensa hacer. Suponiendo que se esté estudiando la realidad juvenil no basta con saber que hay 63 jóvenes comprendidos entre los 18 y los 25 años; interesa conocer quiénes están dispuestos a hacer algo, a quién se puede animar, cómo se agrupan, dónde van los fines de semana. Hay un salón de actos; pero, ¿se usa? La cooperativa, ¿qué horario tiene?, ¿funciona la gerencia?, ¿hay planes de formación?

La realidad que se va mostrando con la observación, las reuniones, entrevistas, debates, encuestas, etc., es necesario registrarla de forma sencilla para poder usar luego la información, ya sea para hacer una convocatoria o saber con quién contamos para montar un escenario. Para el registro se pueden utilizar fichas que van complementando un archivo abierto y en las que se puede ir añadiendo información según se vaya avanzando en el conocimiento de la realidad.

En un segundo momento es útil el uso de plantillas, guiones y mapas de motivos, que facilitan la búsqueda de información en una realidad que es múltiple e inagotable. Pueden utilizarse guiones estándar o confeccionarlos para la ocasión respondiendo a la pregunta: para lo que se piensa hacer, ¿qué tipo de cosas se necesitan saber? Los guiones y plantillas pueden ayudar a completar, enfocar otras partes de la realidad que no han sido considerados.

Es conveniente, no obstante, dejar siempre una puerta abierta a nuevas informaciones, que ni los guiones ni las hipótesis iniciales han previsto y, sin embargo, pueden ser sumamente útiles en el conocimiento de la realidad; en este sentido, es necesario mantener una actitud alerta para dejar "hablar la realidad", para ver donde habitualmente no se ve. Nadie había pensado que las viejas cañadas serían hoy el eje central del paseo turístico, que en el lavadero, que ya no se usa, se puede montar un rincón de acogida, que en la pared del frontón se pueden hacer prácticas de escalada, que entre los muros de la prisión donde habitualmente no pasa nada, se puede instalar un invernadero.

La revisión documental es un aspecto importante en el momento descriptivo (pero no el único); se trata de no repetir información que ya está recogida, es necesario enterarse de los estudios ya realizados, de observar lo ya escrito, utilizar los registros que ya existen, ojear las revistas y artículos que sobre esta realidad se han confeccionado, informes, memorias, prensa, directorios, guías, archivos, mapas, estadísticas, etc.

TECNICAS DE ANALISIS DE LA REALIDAD

Guión estudio general T. 2-1.1

- **medio natural**
  - -localización.
  - -terreno: características, uso y estructura.
  - -flora y fauna.
  - -climatología.
  - -hidrografía.
  - -perspectiva y problemática ecológica.

- **medio urbano**
  - -distribución, ocupación y función del suelo.
  - -red viaria, accesos.
  - -viviendas, edificios públicos, industriales, comerciales.
  - -áreas cultural, recreativa y espacios verdes.
  - -saneamiento.

- **medio social**
  - -demografía: pirámide, evolución, características (ocupación, clase social, sexo, estilos de vida, cultura...), movimiento, etc.
  - -organización social: instituciones públicas y privadas, organizaciones, asociaciones (relevancia, actividad, funcionamiento e interrelación), estructura de poder y liderazgo, funcionamiento político, organización religiosa.
  - - conflictividad social.

- **historia**
  - -económica, política, social y cultural.
  - -origen, tradiciones, acontecimientos relevantes, leyendas, grupos, personajes, huellas históricas actuales.

TECNICAS DE ANALISIS DE LA REALIDAD

Guión estudio general T. 2-1.2

Descripión y significación

- **economía**

  -por sectores: primario (agricultura, ganadería, pesca, bosques...), secundario (industrias, artesanía...), terciario (comercio, servicio, otras actividades).
  -por factores: propiedad de los medios, condiciones laborales, paro, formación, mecanización, organizaciones, nuevas iniciativas, perspectivas, etc.

- **educación**

  -básica, medias, formación profesional, adultos.
  -adaptación al sistema productivo, coordinación, participación y funcionamiento.

- **cultura y ocio**

  -organizaciones, actividades, funcionamiento.
  -locales, equipamiento, recursos.
  -centros de encuentro, recreativos, deportivos.
  -formas de tiempo libre.

- **sanidad y servicios sociales**

  -atención.
  -prevención.
  -equipamiento.
  -recursos individuales y colectivos.

- **medios de comunicación social**

  -prensa, radio, televisión.
  -iniciativas locales.
  -conexión informática.

- **otros**

Esta tarea conviene realizarla con la participación de la gente implicada si ello resulta posible; será más práctico, más ameno, más rápido (a veces) y más "real". Siempre que se perciba su utilidad y no sea tan aburrida que desmotive hasta a los incondicionales. Hay que acudir también a las autoridades locales competentes en la materia que se está estudiando, visitar asociaciones, organismos, personajes relevantes, técnicos que trabajen en la misma área de intervención, etc.

b) *Descripción de lo que no hay*:

Cuando un colectivo o una comunidad se plantea lo que no tiene, lo que no es, lo que le falta, ya está proyectando su futuro. Lo negado de la realidad está en conexión con el deseo y la necesidad. Esta segunda forma de "descripción" apunta más directamente a las carencias y problemas de una realidad, se toma conciencia de una realidad incompleta, no acabada, o simplemente arrebatada. De la conciencia a la acción, la toma de conciencia de lo que no se es, es en sí misma un momento de motivación a la acción.

Este momento del análisis de la realidad es proyectivo y creativo. Proyectivo porque devuelve inmediatamente a la realidad de la que se parte, lo que no se tiene o no se es, está en relación directa con lo que se tiene y lo que se es; por tanto, ayuda a un colectivo a conocerse mejor siguiendo otro camino. Si una comunidad no tiene espacios de encuentro, algo nos dice acerca de lo que esa comunidad hoy es, y en qué condiciones se encuentra para actuar. Si un colectivo no tiene comunicaciones, algo nos dice acerca de su ser hoy, aislado, con su único marco, como referencia posible.

Es un momento creativo, porque la descripción en negativo de una realidad necesita siempre de un momento positivo de imaginación; primero hay que pensar lo que falta para luego decir qué falta. La descripción de lo que falta amplía el marco de referencia, y supone una guerra abierta a una concepción acabada y estática de la realidad, "tiene que ser así", siempre que sea posible después ligar las carencias a la acción colectiva para superarlas.

La descripción de lo que no hay consiste en hacer que la gente hable y discuta sobre la realidad que no tiene, lo que le falta, lo que no es.

Se puede realizar mediante:

— reuniones, tertulias, mesas de debate.

— conversaciones informales.

— el uso de guiones y plantillas.

— el uso de cuestionarios.

Con frecuencia sale este tipo de información conjuntamente con la descripción positiva, hasta el punto de resultar difícil separar en el tiempo una de otra. Su consideración aparte tiene la ventaja de que se afronta como un dato y tiene tratamiento propio. A menudo lo que ocurre es que va saliendo como trabas y dificultades insalvables que paralizan la acción. Se trata entonces de transformar el "llanto" en dato, de tal forma que su aparición no sirva para parar, sino para poner en marcha, no sirva para llorar sino para resolver. "No tenemos asociación porque no tenemos local" (llanto), "Para qué pedir subvención si no nos la van a dar". El planteamiento es: "Puesto que no tenemos local, ¿qué soluciones se nos ocurren para que funcione la asociación?" (dato), o "¿qué tenemos que hacer para conseguirlo?", "cómo pedir la subvención para que nos la den" o "qué otro tipo de financiación podemos buscar".

TECNICAS DE ANALISIS DE LA REALIDAD

Esquema plantilla diagnóstico — T. 2.2

campos / **elementos**	organismos	agrupaciones	agentes activos	hechos	.....	recursos
agricultura						
industria						
educación						
cultura						
....						
juventud						

En resumen, en una aproximación descriptiva a la realidad se pueden seguir dos caminos: la descripción de lo que hay y la descripción de lo que no hay. En el primer caso dejemos que "hable la realidad". Se va registrando ordenadamente en fichas; lo que no sale pero tiene interés conocerse se pregunta. En cualquier caso, tiene interés significar los datos que se van recogiendo, es decir, plantearse su relevancia y utilidad. Se pueden utilizar plantillas, guiones para hacer entrevistas, reuniones, tambien usar la documentación ya existente (estudios, informes, estadísticas) e ir ordenando la información que se va obteniendo en fichas sencillas, mapas, plantillas, de tal forma que puedan ser utilizadas después. En el segundo caso, -la descripción de lo que no hay-, se sigue el mismo procedimiento, sabiendo que permite conocer la realidad de forma proyectiva y que supone un momento creativo. En ambos casos es necesario contar con la participación de la gente, pues supone ya una puesta en marcha del colectivo o la comunidad.

4.2 La percepción social

Se trata de dar un paso más sobre la descripción. Ya no es cuestión de saber lo que hay, sino saber lo que se piensa sobre lo que hay. Esto es, conocer el valor y las posibilidades que la comunidad otorga a su realidad. Se convierte en objeto de análisis el discurso del colectivo sobre su realidad. El discurso, entendido habitualmente como definitivo sobre la realidad, al ser objeto de análisis, es puesto en cuestión; "la mujer siempre ha sido así" , "es que este pueblo es diferente", "aquí la gente no quiere saber nada", "siempre somos los mismos". ¿Se pueden analizar estas afirmaciones sobre la realidad?, ¿en qué medida este tipo de percepción de la realidad configura la propia realidad? El significado que se otorga a la realidad determina el posicionamiento y la acción con respecto a esa realidad, determina su posibilidad de cambio. De ahí el interés de que el colectivo participante examine y discuta las afirmaciones que su comunidad y ellos mismos hacen sobre su realidad.

El discurso que un colectivo tiene sobre su realidad tiende a legitimarla como la única realidad posible[2], legitimación que tiene la función de armonizar la relación de las personas con el medio, pero como contrapartida inhibe las posibilidades de ver la realidad de otra forma y por lo tanto inhibe la disposición al cambio.

Es, pues, la percepción social de la realidad uno de los puntos en los que pueden incidir los procesos de animación sociocultural. Para ello, hay que conocerla, y ésta es la razón de incluirla en el análisis de la realidad. En el anterior momento, la descripción, obtendremos el dato de la inexistencia de cooperativas; en el momento del estudio de la percepción se explorará lo que la gente piensa de las cooperativas, "eso aquí no funciona" (aunque nunca ha habido).

2 BERGER Y LUKMAN, *La construcción social de la realidad*, Amorrortu, Buenas Aires, 1976. Un clásico de la sociología que desarrolla los mecanismos de legitimación de la realidad.

TECNICAS DE ANALISIS DE LA REALIDAD

El grupo de discusión — T. 2-3

- **en qué consiste:**

Es una reunión en la que un grupo de personas hablan entre sí, acerca de un tema, asistidos por un coordinador, que interviene de forma no directiva.

- **finalidad:**

Comprensión de la actitud (pensamiento, posición afectiva y conducta) de un grupo respecto a un tema o aspecto de la realidad, a través del análisis del discurso.

- **condiciones:**

-de 6 a 10 personas.
-sentados en una elipse o circunferencia.
-cierta homogeneidad entre los asistentes.

- **desarrollo:**

a. Encuadre de la reunión (a realizar por el coordinador)

-tema a tratar.
-finalidad de la reunión, qué interés tiene para los participantes.
-forma de tratar el tema (discusión libre y participativa), duración aproximada.

b. Intervenciones del coordinador:

-estimula la participación de los asistentes (invitación).
-no introduce opiniones, hace desarrollar las que van saliendo que puedan ser de mayor interés.
-sintetiza, reformula, pide más explicaciones.

c. Los participantes van opinando, procurando no hablar todos a la vez. La información se registra, notas o grabación. Al final se realiza una pequeña síntesis y se recuerda el motivo de la reunión y los pasos a seguir.

El procedimiento a seguir es ir registrando, (bloc de notas, grabaciones) -primero libremente, luego de forma estructurada-, lo que la gente piensa, a través de entrevistas abiertas, grupos de discusión, mesas redondas, conversaciones informales, análisis de artículos de prensa local, etc. Enseguida se observará que algunas de las afirmaciones son redundantes (no es necesario el recuento estadístico), y que otras son discrepantes, de tal forma que se encuentran diferentes percepciones de una misma realidad; ambas informaciones son de sumo interés. En un segundo momento se retienen algunas de las afirmaciones y se discuten en grupo con la intención de analizarlas e ir más allá de lo que habitualmente se dice de ellas. Esto corresponde ya al siguiente momento del análisis, como veremos a continuación.

Por el momento ya se tiene una descripción de la realidad y una comprensión de lo que se piensa de la realidad.

4.3. La explicación. La interpretación

El colectivo se pregunta ahora el porqué de la realidad que estudia. Por qué las cosas son así y no son de otro modo. Se trata de analizar las causas, los condicionantes, la estructura de la realidad. El discurso dominante tiende a eclipsar las causas, "es lo natural", "siempre ha habido diferencias", "porque sí" , o también cabe, "a la juventud no le interesa nada", "es un pasota" y, en caso de conflicto, "porque yo lo digo". Amigo de tautologías, difícilmente permite escudriñar las causas de la realidad, o simplemente las inventa, las invierte, o las permuta.

Si se quiere conocer para actuar es necesario conocer el transfondo de la realidad, explorar el porqué.

El análisis interpretativo de la realidad es posible para personas y colectivos no especializados. De hecho, todo el mundo tiene su propio análisis causal; se trata, sin embargo, de ir más allá, de hacerlo en colectivo, con mayor rigor, estableciendo las zonas de incertidumbre, formulando hipótesis, discriminando, relacionando. Explicaciones que permitan conocer más la realidad, para cambiarla, hacer planes, elaborar estrategias, disminuir las probabilidades de fracaso.

El análisis puede seguir dos caminos:

- Utilizar modelos ya elaborados de interpretación social.
- Elaborar modelos y/o explicaciones propias.

En el primer caso, en función de los conocimientos del grupo y de las personas del grupo o su capacidad para aprenderlos, pueden hacerse uso de los modelos teóricos disponibles y accesibles elaborados por las ciencias sociales (análisis de clases, de poder, económico, análisis institucional, ecológico, interactivo, modelos de comunicación, análisis histórico, educativo, etc.). El mero aprendizaje de estos modelos, predispone el grupo a aplicarlos a su realidad, para lo cual es imprescindible que se traduzcan para que de hecho sean comprendidos y utilizados.

En el segundo caso se trata de establecer relaciones causales entre los distintos fenómenos que se observan en la realidad. ¿Qué relación tiene el ingreso y permanencia en prisión con el nivel de ingresos económicos?, ¿por qué hay más bancos que escuelas?, ¿por qué van a cerrar la línea del tren que pasa por aquí?, ¿por qué las casas son tan altas y tan pequeñas? En ocasiones puede consistir en una técnica tan sencilla como recoger afirmaciones sobre la realidad y preguntarse por qué.

El mero hecho de saberse analista de la realidad, y que la realidad es susceptible de interrogantes, es ya un paso para el control de la realidad, es una predisposición a la acción, es ya una respuesta colectiva.

4.4. Las alternativas

¿Qué otros modos de realidad serían interesantes? ¿Qué aspectos podemos cambiar? ¿En qué áreas se puede progresar?

Una vez realizada la aproximación a los problemas, las necesidades, las carencias, y su explicación, ya se sabe de lo que se dispone y lo que falta; es necesario diseñar lo que se quiere.

Este es un momento cualitativo de suma importancia, pues es el momento en que el colectivo, la comunidad, o el equipo toma las riendas de su realidad; ya no se trata de elaborar un discurso crítico de la realidad, sino de ponerse a diseñarla, buscar el espacio en que se pueden hacer cosas, nuevas realidades. Ahora lo que la realidad sea depende de lo que el colectivo haga, de su responsabilidad. Se trata de hacer un efecto de tirón, para que la realidad se mueva, ir por delante de ella.

Los grupos, sin embargo, a base de frustraciones, a veces debilitan su capacidad de soñar, de diseñar: "queremos hacer algo pero no sabemos qué". Encuentran graves dificultades para clarificar el horizonte, las vías de progreso, de cambio.

Entre las distintas razones que explican esta dificultad de proyectar cabe destacar:

— la falta de hábito.

— la creencia asumida de incapacidad.

— la escasa conciencia de colectivo con intereses comunes.

— la tendencia refleja a asociar los obstáculos a las posibilidades, enfatizando los primeros y eclipsando los segundos.

— la tendencia a legitimar el modo de realidad actual como el único modo posible.

Lo que se puede ser se encuentra limitado por las dificultades estructurales, por dificultades y condicionamientos históricos, materiales, etc. Pero también por la creencia de que no se puede ser de otro modo, y porque muchas posibilidades simplemente no se nos han ocurrido, entre otras razones porque no se han presentado las condiciones para la producción de posibilidades.

algo más sobre: **la producción colectiva de ideas**

Los grupos tienden a inhibir, de forma espontánea, la producción de ideas creativas y de posibilidades.

Algunas de las causas son:

- La acusada tendencia a pensar antes en las dificultades que en las posibilidades.
- La mayor facilidad para oponerse a las nuevas ideas que para desarrollarlas, madurarlas o aprovechar algo de ellas.
- El hábito fuertemente establecido de valorar inmediatamente todo aquello que no resulta familiar.

Los grupos que aprenden a separar en el tiempo la producción de las ideas y su valoración, consiguen un mayor volumen de producción y a su vez un resultado más avanzado y creativo.

Fig. 2.6
Producción de ideas

Para facilitar la creatividad colectiva existen numerosas técnicas[3], sencillas la mayor parte. Se basan en lo que se ha venido a denominar como "suspensión del juicio", que consiste en que el colectivo por un momento no valora, no asocia con dificultades, permite que las ideas se le vayan ocurriendo, para dejar así mas libre la imaginación. En un momento posterior las ideas se ordenan y se gradúan según su interés y posibilidad.

Estas técnicas son las que se vienen usando en el campo de la creatividad, como es la tormenta de ideas, la asociación libre, las técnicas de quebrantamiento (descomposición y recomposi-

[3] En el libro de Michel Fustier, *Pedagogía de la creatividad* (Index, Madrid, 1975), pueden encontrarse muchas sugerencias.

ción de las ideas), la técnica del "pasado mañana", el método Delphos, etc.

Tal como se señalaba en la fig. 2.4, un colectivo puede comenzar su análisis de la realidad por la descripción o la percepción social de la situación, pero también puede comenzar por este momento denominado como "alternativas"; tiene la ventaja de ejercer un efecto de tirón y motivación mayor para la puesta en acción.

4.5. El ajuste

Este último momento de análisis, y primero de la planificación, consiste en ordenar la información obtenida y generada por el colectivo o el equipo que realiza el estudio de la realidad.

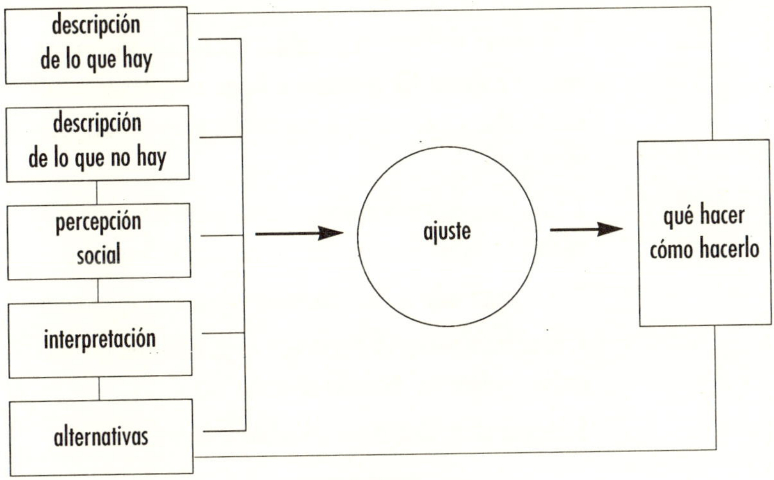

Fig. 2.7
Ajuste

TECNICAS DE ANALISIS DE LA REALIDAD

El pasado mañana — T. 2-4

Finalidad

- en qué consiste

Es una reunión en la que un grupo de personas (entre cinco y cuarenta) diseña un aspecto de la realidad, tal como les gustaría que fuese, sin considerar las dificultades inmediatas.

Facilitar la capacidad creativa de un grupo para el diseño de proyectos concretos y evitar aquellos factores que habitualmente lo inhiben.

- desarrollo

1. Se plantea el aspecto de la realidad que se pretende cambiar, construir o diseñar (Ej: el pueblo, el barrio, la participación ciudadana, el equipo de trabajo, la casa de cultura, los métodos pedagógicos, etc).

2. Cada uno piensa individualmente ideas sueltas al respecto, procurando no limitar su imaginación aunque ésta sea descabellada.

3. Se exponen todas las ideas quedando reflejadas en una pizarra.

4. Se elaboran nuevas ideas a la vista de las anteriores (por asociación, combinación, desarrollo, inversión, etc).

5. Se gradúan las ideas según su posibilidad de realización:

   - lo que se puede hacer ya.
   - lo que se puede hacer si se dan determinados pasos en ciertas condiciones.
   - aquello que por ahora no se puede conseguir pero que sirve de norte al trabajo colectivo.

Si se ha llevado a cabo el análisis de los momentos anteriormente descritos, nos encontramos con una serie de entradas de información y una salida: qué hacer y cómo hacerlo (planificación).

Hay una tensión fundamental entre la realidad que se tiene y que se vive y la realidad que se desea. Planificar consistirá en hacer que esa tensión sea traducida en una serie de acciones viables. (Todo lo referente a la planificación se tratará más extensamente en el siguiente capítulo).

Se tratará entonces de:

• Ordenar las necesidades; no pueden afrontarse todas a la vez, será necesario priorizarlas según:

— la importancia, la urgencia.

— las expectativas de éxito en su resolución.

• Ordenar posibilidades, atendiendo a los recursos disponibles, al nivel de conciencia colectiva, al entrenamiento del grupo para el trabajo, a la complejidad de los planes, la dificultad de las tareas, etc.

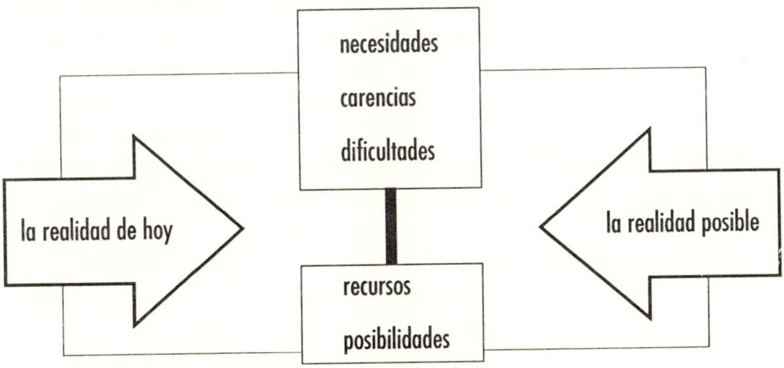

Fig. 2.8
Realidad hoy-posible

• Anticipar y prever las dificultades, traduciéndolas a datos técnicos para la acción. Esta traducción a dato es una de las claves para la puesta en marcha de los colectivos. En muchos casos lo que simplemente son datos se convierten, por su forma de vivirlos, en barreras definitivas, inmovilizadoras. "La gente no participa", puede considerarse como una barrera definitiva para paralizar la acción, o como un dato para establecer la estrategia para que mañana participe más.

Un colectivo que realiza estos momentos del análisis o similares se puede considerar que ya está en acción.

5. Técnicas

Se presenta a continuación un cuadro en el que aparecen diferentes técnicas que pueden utilizarse para facilitar al grupo la realización del análisis de la realidad, algunas de las cuales se han detallado con anterioridad en las fichas de apoyo.

Momentos	Objetivos	Técnicas
Descripción	• Saber lo que hay (recursos humanos y materiales) • Saber lo que no hay (carencias y necesidades)	• Recopilación documental. • Plantillas y guiones de diagnóstico. • Entrevistas estructuradas. • Fichero de recursos.
Percepción social	• Conocer lo que las personas piensan sobre su realidad. • Estudio de la problematización.	• Grupos de discusión. • Entrevistas en profundidad. • Mesas redondas, debates, paneles. • Análisis del discurso. • Técnicas proyectivas.
Interpretación-explicación	• Saber por qué la realidad es así y no de otro modo (lectura crítica).	• Seminarios. • Grupos de estudio. • Aplicación de modelos.

Momentos	Objetivos	Técnicas
	• Toma de conciencia.	• Aplicación de modelos. • Elaboración de modelos.
Alternativas	• Facilitar la creatividad colectiva. • Diseñar otros modelos y aspectos de la realidad más satisfactorios. • Formular objetivos.	• *Brainstorming* • El pasado mañana. • Gradación de la utopía. • Método Delphos.
Ajuste	• Ordenar necesidades. • Ajustar expectativas progreso-necesidad. • Preplanificar la acción.	• TGN • *Problem solving.* • Paneles.

Estas técnicas no deben considerarse como únicas ni exclusivas del análisis de la realidad. Sin olvidar el objetivo principal del análisis que es conocer para actuar, pueden usarse o elaborarse todo tipo de técnicas que faciliten el conocimiento de una situación. Con frecuencia el conocimiento necesario para actuar se puede obtener con conversaciones sencillas, observación y consulta de informaciones ya realizadas. En la medida en que sirven para poner a los colectivos en marcha, las técnicas son útiles, pero no debe dar la sensación de ser ahogados por la sofisticación técnica, pues ello no conduciría al objetivo principal.

6. Ambitos de aplicación

Cuando se habla del análisis de la realidad suele pensarse casi exclusivamente en el análisis de un barrio o un pueblo; sin embargo, los ámbitos de aplicación del análisis de la realidad, van más allá de las demarcaciones geográficas anteriormente descritas. Cualquier aspecto de la realidad sobre el que se va a actuar o en el que se trabaja es susceptible de ser analizado en aras de su transformación, cambio o progreso.

Así, puede pensarse en analizar tanto una comarca como un grupo de trabajo, un método de aprendizaje, un sistema de comunicaciones, una red de comercialización de productos o un centro cultural. Puede pensarse en el diseño de una campaña sobre medio-ambiente, un centro de enseñanza, un centro de recursos, una asociación o un departamento de estudios sociales.

Los distintos ámbitos se pueden agrupar:

- Organizaciones sociales, desde los grupos informales a las instituciones.
- Aspectos concretos del entorno físico.
- Procesos, métodos, planes, proyectos, iniciativas concretas.
- Sistemas económico, político, de comunicación.

De la misma manera, cuando se hace análisis de la realidad suele pensarse en el comienzo de la intervención, cuando, como ya se ha mencionado, suele ser en el transcurso de la acción donde se recogen las informaciones más significativas. El análisis de la realidad es un método de conocimiento de la realidad en la que un colectivo o comunidad se desenvuelve, pero también es una disposición continua a extraer conclusiones de lo que se va haciendo; es un proceso dinámico de reflexión sobre la situación.

7. En resumen

La característica específica del estudio de la realidad en animación sociocultural, es el hecho de que se estudia para transformarla con la participación de las personas que la viven.

La práctica habitual sin embargo presenta ciertas deficiencias que han de ir superándose, tal como un exceso de información irrelevante, o compleja, o estática, que no sirve para actuar en la realidad.

Los criterios que han de guiar la práctica del análisis de la realidad son: su carácter instrumental, orientado al cambio social, participativo, crítico, colectivo y creativo.

Los momentos del análisis, tal y como aquí se proponen suponen un momento descriptivo, un análisis de la percepción social, un momento interpretativo, una propuesta alternativa, y un ajuste de toda la información para la acción.

Existen numerosas técnicas sencillas que facilitan al colectivo realizar su análisis de la realidad, como son las plantillas de diagnóstico, la revisión documental, los grupos de discusión, "brainstorming", la resolución de problemas, etc.

El análisis de la realidad puede efectuarse no sólo en ámbitos geográficos concretos, sino que puede extenderse a iniciativas concretas, organizaciones, procesos y métodos, análisis de sistemas, etc.

Capítulo III

Planificación de los procesos socioculturales

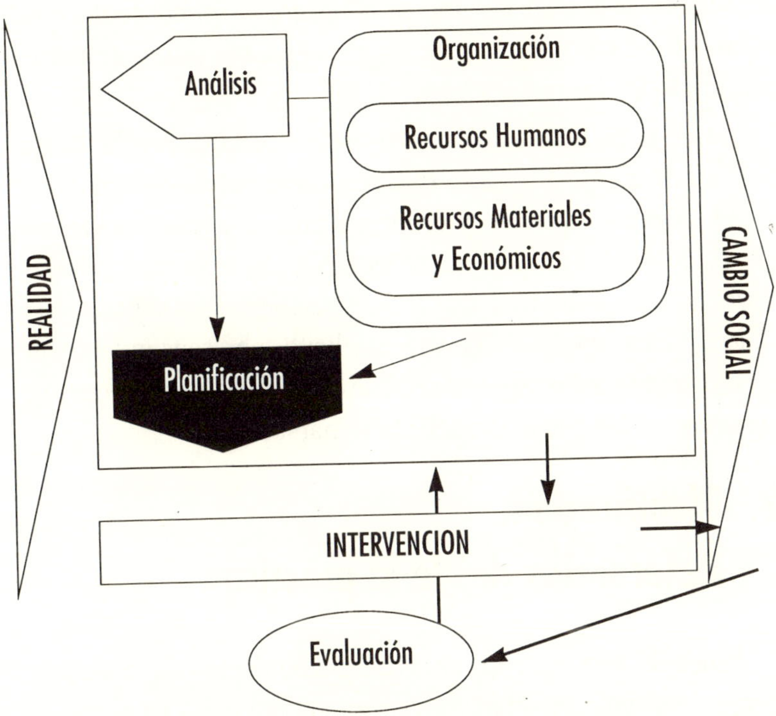

En este capítulo vas a encontrar:

- Una definición del concepto de planificación sociocultural.
- Un comentario crítico de lo que hoy se hace en este campo.
- Criterios con los que afrontar la tarea de planificar.
- Un enfoque metodológico.
- Unas técnicas aplicadas a la planificación.

1. El concepto de la planificación sociocultural

Para abordar con claridad las cuestiones metodológicas relacionadas con la planificación, será bueno establecer si no una definición clásica tal y como se conocen, sí un concepto que pueda situar las líneas siguientes en un mismo punto de partida para todos los que las lean.

Tras el análisis de la realidad se está en condiciones de tomar decisiones, elegir qué es lo que se quiere hacer -qué plan de acción poner en marcha- y proponer unos objetivos concretos; pues bien, *la planificación es el sistema para: hacer efectivas las decisiones tomadas, realizar el plan elegido y conseguir los objetivos formulados.* Esta operación llevará implícito, por consiguiente, el ajustar las variables: espacio socioambiental, tiempo y recursos; variables de las que más adelante se hablará.

2. Planificación: Referencias desde la práctica

Antes de proponer un enfoque metodológico de planificación es conveniente echar un vistazo al panorama en el que se desenvuelve la tarea de planificar y que, matices aparte, es muy similar en unos u otros ámbitos de la animación sociocultural; es fácil observar cómo se repiten los mismos fenómenos: desde los colectivos de base con acciones más sencillas, a los equipos profesionales responsables de los programas más complejos. En las líneas siguientes se hace referencia a algunos de estos hábitos que configuran el comportamiento de personas y colectivos, implicados en acciones socioculturales, en el momento de la planificación.

Las metas difusas preparan caminos difusos

Es frecuente encontrar una cierta indefinición en los objetivos que, teóricamente, motivan la acción; objetivos imprecisos poco palpables en su materialización. Esta falta de claridad en las metas a alcanzar genera siempre oscuridad en los caminos que se recorren hasta llegar a no se sabe bien qué destino. Otra cara de la misma moneda son los objetivos estereotipados formulados *a posteriori* en planes teledirigidos; en estos casos, los objetivos cumplen un papel de justificación de acciones sin ella.

De la improvisación sobre la marcha a la gestión pura y dura

Ya se sabe lo atractivos que resultan los contrastes y lo fácil que es pasar de un extremo a otro sin apenas darse cuenta. Pues bien, si lo que más abunda es la improvisación diaria, en el polo opuesto se realiza una gestión de recursos en el más administrativo y empresarial de los sentidos; entre medias, entre la calle y el marketing, queda un amplio espectro de acción sociocultural carente del más minimo proceso de planificación.

La concentración de tareas o el trabajo de hormiguita

"Y sin embargo se mueve." Sí, pero ¡a qué precio!; la no planificación de los procesos socioculturales desemboca casi siempre en la acumulación del trabajo y de la responsabilidad en unos pocos que, a trancas y barrancas, van sacando adelante las iniciativas de todos. El trabajo de hormiguita -muy valioso por otro lado-, acaba siendo la solución de circunstancias para que el fracaso en los resultados no pese sobre la conciencia colectiva.

La inercia de lo que surja

Lo malo es que además no surge. Se alude a los colectivos voluntarios reducidos a vida vegetativa; en estos casos, sería necesario primero la existencia de una acción que les diese sentido, para que éste no se encontrase sólo en el mero hecho de estar juntos. Referirse aquí a la necesidad de planificar tendría que pasar, pues, a un segundo término.

■ El trabajo social: la rutina de 8 a 3

Llega un momento en el que la única planificación es la de los horarios de atención al público. La inexistencia de otro tipo de proyección a medio o largo plazo, se convierte en la principal característica del trabajo realizado en los servicios sociales; la rutina de la casuística individual ajustada a un horario, por desmesurado que éste pueda llegar a ser, es el objetivo diario de un buen número de profesionales sociales.

■ La arrasadora contundencia de lo urgente

La sensación de que el tren te lleva a ti, en lugar de llevar tú al tren. De la noche a la mañana aparece una avalancha de asuntos, gestiones, problemas de última hora, todos ellos de indudable urgencia; y cada vez queda menos tiempo para diseñar el camino a seguir, para analizar lo realizado, para avanzar con nuevas ideas.

■ Sin ideas que proyectar

Antes se ha hablado de la inercia de los colectivos voluntarios y de la rutina de los profesionales; un denominador común en ambos casos suele ser la carencia de imaginación y de creatividad; la innovación es, entonces, algo remoto a lo que se tiene acceso con dificultad. He aquí una nueva razón para no dedicar tiempo a planificar: el desánimo ante un futuro monótono y sin contraste.

■ Cuando no hay conciencia de avance

Planificar implica pensar en el futuro, en el avance hacia una situación diferente de la actual. Cuando esta conciencia de progreso desaparece, cuando el tiempo que se tiene por delante se intuye como la variación sobre un mismo tema, entonces, ¿qué hay que planificar?

■ El descontrol de las contingencias

Lo cierto es que, en muchas ocasiones, los colectivos populares llegan a la constatación de que alguien planifica por ellos, de que todo está cuidadosamente previsto por otros poderes no tan populares. Y llegado este momento, se percibe la desubicación de la modesta planificación que desde el barrio, el pueblo, la asociación se pueda realizar; o, lo que es lo mismo, la nula incidencia de mis planes en la marcha teledirigida de la sociedad.

■ La planificación como pauta de poder

Al final, acaba consolidándose ese sentimiento de impotencia a favor de los que siguen detentando el poder -en cualquiera de sus formas- y serán ellos los que planificarán al detalle, para evitar retrocesos en esta situación.

■ ¡Qué bonito proyecto!

Por último, reseñar el gran número de proyectos y planificaciones que, una vez diseñados y presentados ante quien correspondiese, van directamente al archivo sin ningún tipo de contraste con lo ejecutado; este fenómeno, excesivamente frecuente, habla por sí solo del carácter aislado y puntual, sin ningún sentido de proceso, del que adolecen muchas de las acciones de corte sociocultural.

3. Planteamientos generales para planificar

Tan importante como conocer la metodología de la planificación, es saber cuáles son los planteamientos generales en los que se enmarca. Planteamientos peculiares que diferencian esta tarea de la realizada en otros contextos distintos a la animación sociocultural. No hay que olvidar que las fuentes técnicas e instrumentales de la planificación, proceden del mundo empresarial y de la gestión económica; sin embargo, los objetivos de los procesos socioculturales no son los mismos -obviamente- que los que persigue "el mundo del capital".

Así pues, lejos de formular una definición restringida de planificación, este concepto tendrá más amplitud y será mas rico en su significado, si la definición la configuran el conjunto de planteamientos generales que en el siguiente cuadro se exponen :

La planificación implica:

- una forma de graduar la utopía
- partir de una realidad analizada
- acercar/determinar el futuro
- diseñar un camino que pueda ser recorrido
- establecer los pasos precisos para alcanzar los objetivos propuestos
- aprovechar las oportunidades y prever las dificultades
- tener una visión global del contexto en el que se ubica "nuestra planificación"
- adaptarse al medio y a la situación en la que ha de desarrollarse
- mantener el equilibrio propio del ámbito desde el que se planifica
- la existencia de un proceso colectivo de avance
- establecer los mecanismos de implicación de los destinatarios
- romper la resistencia al cambio
- comprometerse en su ejecución

Fig. 3.1

Este cuadro de planteamientos generales otorga personalidad propia al término *planificación*, en cuanto a su papel en la animación sociocultural se refiere. Pero aún se puede profundizar más en algunos de los epígrafes presentados.

■ Graduación de la utopía. De la realidad ineludible a la utopía creadora.

Sin duda alguna, la Utopía como realidad deseada, generadora del sentimiento de avance y cambio, es la chispa que otorga sentido a los planes de acción que se emprenden una y otra vez. La Utopía proporciona las dosis de motivación necesarias para ir superando los obstáculos que surjan hasta alcanzar el punto de llegada aspirado. Sin embargo, a pesar de estos beneficios de la Utopía, ésta se considera como lo inalcanzable, como algo que genera frustación y desánimo, como algo eternamente opuesto a la "cruda realidad" en la que se vive y trabaja.

Y algo de verdad hay en todo esto. Habrá, pues, que conjugar las dos premisas: "La cruda realidad de la que se parte" y "la esperanzadora utopía a la que se aspira."

En primer lugar -como ya se ha visto en un capítulo anterior-, el conocimiento preciso de la realidad inicial es el paso imprescindible para elaborar una correcta planificación; no se abunda más en este aspecto, ya que anteriormente así se ha hecho. Pero -y en segundo lugar-, sí se puede aportar algo respecto al tratamiento de la Utopía; es importante saber que lo que la inhabilita para los procesos socioculturales es entenderla como un todo globalizado, complejo y lejano a lo que es difícil acceder. Parece como si se quisiese pasar de la estación de origen a la de destino en un tren de alta velocidad; pero la realidad social está llena de estaciones y apeaderos en los que es obligado pararse, conocerlos e integrarlos en el recorrido.

La Utopía global, afortunadamente, puede ser -y lo ha sido durante muchos siglos- graduada en utopías más cercanas, más alcanzables, utopías de corto y medio plazo, que acerquen la Utopía, no quizás para los que han iniciado el viaje, pero sí para los que les toque llegar a la estación de destino. Si se habla del "pasado mañana", se descubrirá que hay cosas que no son imposibles de conseguir, solamente. A nadie se le había ocurrido antes. Se descubrirá también que otras cosas requieren su tiempo, pero que se sabe la forma de obtenerlas; y se sabrá, por último, qué es lo que pertenece al futuro y qué, de ese futuro, se puede adelantar ahora.

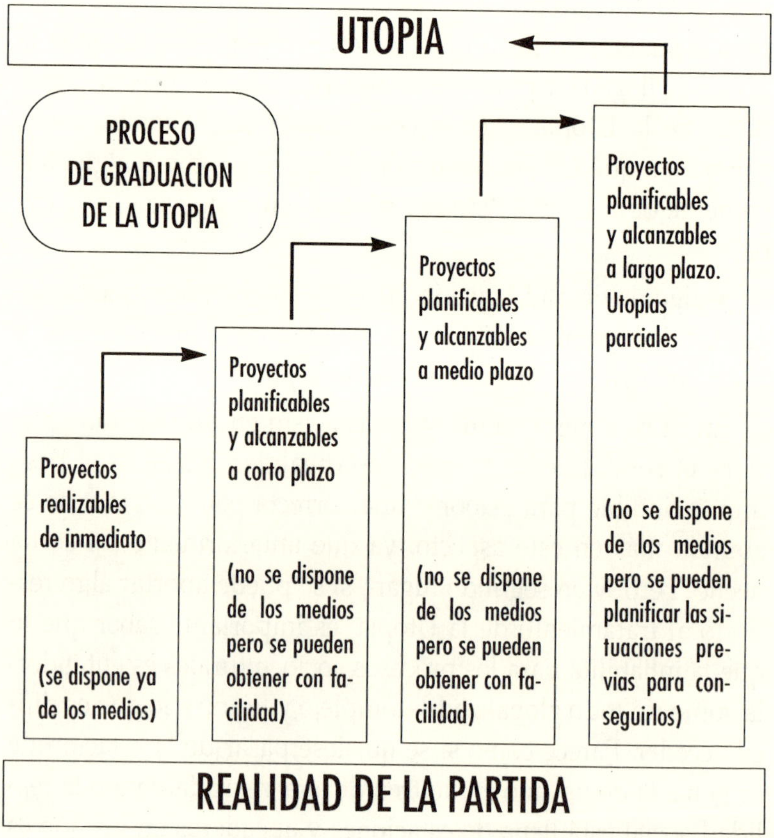

Fig. 3.2

Anticiparse al futuro. Una prospectiva diseñada para la acción

La planificación se refiere siempre al futuro, es una prospectiva diseñada para la acción; dicho de otro modo, al planificar se debe:

- Analizar las *oportunidades* que el futuro ofrece para la acción.
- Estudiar las *alternativas* que se plantean.
- Buscar nuevas vías.

Ahora bien, al referirse al futuro no hay que olvidar que éste no es algo predestinado sobre lo que no se puede incidir. La planificación, partiendo siempre de la realidad, puede y debe determinar el futuro.

En este proceso se produce un juego a dos bandas: se trataría, por un lado, de *aprovechar las oportunidades y alternativas* y, por otro, de *prever las dificultades y los riesgos.*

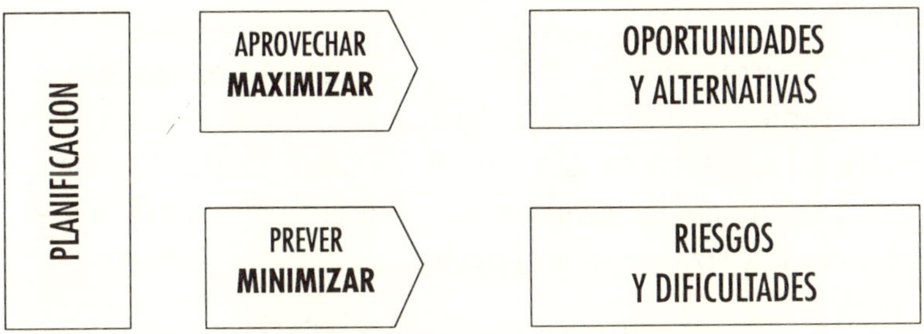

Fig. 3.3

Visión global de la realidad. La ubicación de la acción planificada

Otra cuestión importante en el momento de planificar una acción sociocultural es conocer el sentido y el valor *que* "nuestra acción" tiene en el contexto social en el que se va a desarrollar. En muchas ocasiones la causa del desánimo, de la rutina, hay que buscarla en la desubicación de cada actividad determinada, en su desconexión con otras actividades o procesos socioculturales.

Por ello habrá que evitar al máximo posible la situación de aislamiento. Al planificar, se deberán vincular las acciones puntuales de corto plazo a procesos de mayor continuidad y alcance en el tiempo; se procurará, además, coordinar cada acción con otras diferentes pero relacionadas en sus objetivos. De esta manera, la relación causa-efecto será algo tangible y la planificación-acción algo inherente a los procesos socioculturales.

La planificación: hilo conductor del proceso del colectivo

Si la planificación se inserta en el contexto de un colectivo que tiene su propio desarrollo vital, su proceso de avance se convierte en el objeto a planificar. Así, la planificación de dicho proceso colectivo será determinante en su evolución y en su relación con los destinatarios, receptores de sus propuestas de acción.

El desarrollo de un colectivo, gráficamente, es similar a un bucle espiral cuando existe una situación de avance. Cuando no existe tal situación, en el mejor de los casos la gráfica sería un círculo o círculos concéntricos que girarían sobre sí mismos, sin ningún desplazamiento progresivo.

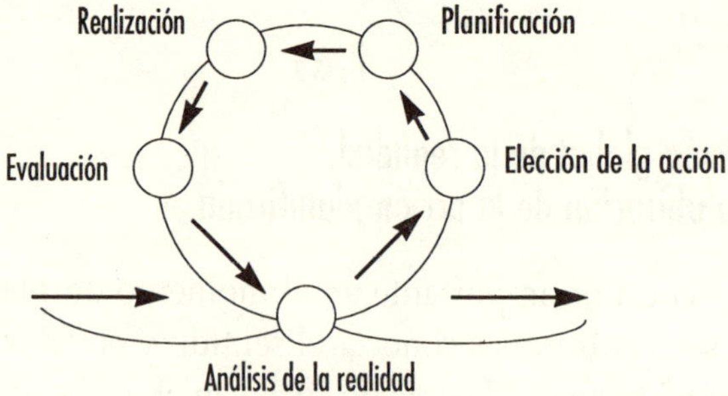

Fig. 3.4
La planificación como proceso

De esta manera, cada planificación se hallará inmersa en un proceso más amplio que, a su vez, habrá sido previamente planificado; esto permitirá que la trayectoria del colectivo pueda ser, efectivamente, de avance y la realidad de la que se parte cada vez cambiante.

La participación en la planificación asegura el compromiso en la ejecución

Uno de los objetivos de los procesos de animación sociocultural es la *creación de espacios de estabilidad y autogestión entre los destinatarios* hacia los que se dirigen. En la medida en que los logros sean visibles y se traduzcan en realizaciones estables y duraderas, se podrá valorar el éxito o el fracaso de las acciones emprendidas. Los proyectos deberán ir estando, paulatinamente, en manos de sus destinatarios.

En este sentido la planificación deberá contemplar la implicación oportuna de aquellos que van a ser los beneficiarios de la acción; es más, si se quiere asegurar un compromiso posterior en la ejecución, la participación en la confección de los planes se hace imprescindible.

La proporción entre la implicación de los destinatarios y la elaboración de proyectos, así como la existente entre sus intereses y los objetivos perseguidos, ofrecerá distintas situaciones de receptividad de las propuestas socioculturales, tal y como se puede ver en los siguientes gráficos:

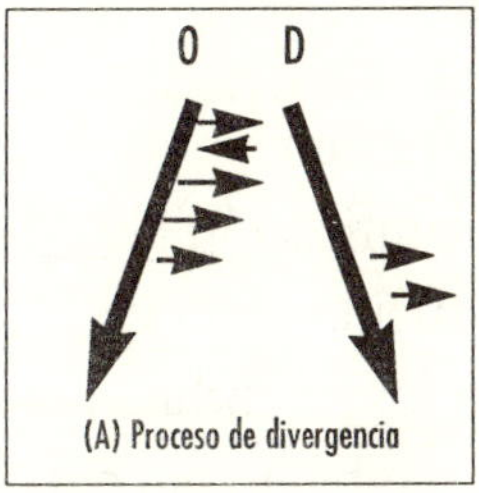

Fig. 3.5.1

Las ofertas socioculturales (O) lanzadas por el colectivo a los destinatarios de esa acción (D) no cuentan con su implicación y son inadecuadas a sus intereses. El resultado será de divergencia y los destinatarios orientarán su receptividad hacia otro tipo de ofertas.

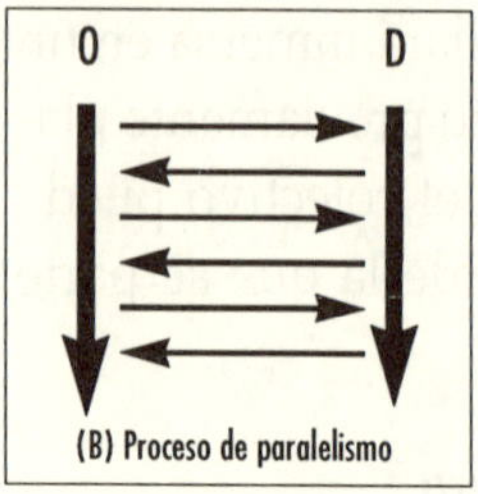

Fig. 3.5.2

En este caso las ofertas sí tienen relación con los intereses de los destinatarios pero siguen sin implicarlos en su planificación. El resultado será un proceso paralelo cuyo único lazo será el interés de las ofertas pero sus logros tendrán un carácter efímero.

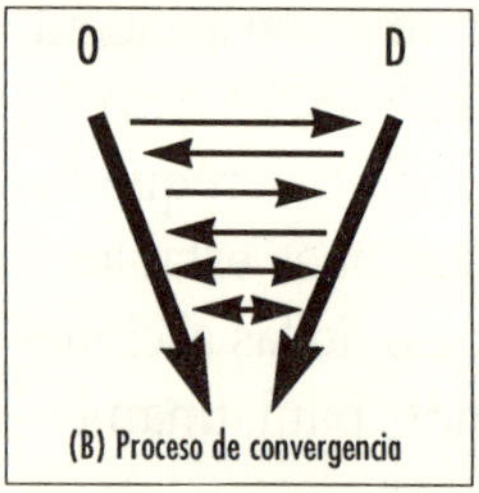

Fig. 3.5.3

La tercera situación es la ideal. Las ofertas lanzadas por el colectivo están ajustadas a los intereses de los destinatarios y les implica en su planificación.

El resultado: un compromiso en la ejecución y un proceso de convergencia hacia la autogestión y permanencia de los logros.

Por último, con la implicación de los destinatarios en los procesos socioculturales, no sólo como receptores sino como diseñadores de su propia acción, se consigue paliar otra dificultad habitual: la resistencia al cambio; la desconfianza que genera cualquier transformación de la realidad, del *status quo*, disminuye en relación directa al grado de protagonismo en la toma de decisiones respecto a la acción que se pretende.

4. Una propuesta metodológica

Aun cuando los planteamientos generales estén claros y se tenga asumido el papel que desempeña la planificación, llevarlo a la práctica no siempre resulta fácil; "la cuenta de la vieja", el "tener todo en la cabeza" o cualquier otra forma rudimentaria suele ser lo habitual. Y el resultado es también conocido: "todo se amontona al final", "hay que echar mano a lo que se puede", "no se ha hecho todo lo previsto, pero ya habrá otra ocasión", y chapucillas similares para tapar los huecos que no se han podido cubrir por falta de un trabajo sistemático y organizado.

Con la propuesta metodológica que se expone a continuación se ofrece una mecánica sencilla para incorporar la planificación a los procesos de animación sociocultural, de forma que este momento sea llevado a cabo sistemáticamente para establecer la columna vertebral de la acción, sin que suponga un elemento rutinario e inútil o la asignatura pendiente siempre por aprobar.

Una de las pegas que se suele argumentar para eludir la planificación es aquella que insiste en su falta de operatividad y en lo difícil que resulta identificar acción realizada con acción proyectada. Este argumento -que se plantea cuando se desconoce la aplicación correcta de la planificación o en situaciones de activismo, sin pretensión de avance-, va a servir como punto de referencia inicial, para resolver dudas tales como: ¿qué planificar?, ¿hay que utilizar siempre el mismo método?, ¿cuándo planificar?, ¿qué plazos de tiempo son los adecuados?, y cuestiones similares.

TECNICAS APLICADAS A LA PLANIFICACION

El modelo de las nueve cuestiones T. 3-1.1

• Aplicaciones:

-Diseños globales de programas de acción

-Guión para la elaboración y presentación de proyectos

• En qué consiste:

Este modelo se basa en la aplicación de la clásica batería de cuestiones -por qué, qué, a quién, para qué, cómo, cuándo, dónde, con quién y con qué- a la tarea de convertir procesos socioculturales en programas de acción. Es una técnica de elemental sencillez que ofrece, sin embargo, un método eficaz y completo para resolver el problema de elaboración del proyecto y su planificaci6n.

• Desarrollo:

Es una técnica a desarrollar en pequeño grupo, equipos de coordinación o gestión, etc; no obstante, como luego se verá, la respuesta a algunas cuestiones se habrá podido obtener de un grupo más numeroso de implicados en el proceso global: planteamiento de objetivos, proyectos a realizar, etc.

• Cuándo interesa aplicarla:

En momentos de diseño o esbozo general de programas, como punto de partida a completar con otras técnicas más específicas de gestión y planificación. Se puede aplicar tanto en el diseño de la planificación estratégica como de lo operativo, pero sólo para el diseño.

• Cómo se aplica:

Se trata de ir dando respuesta ordenadamente a las nueve cuestiones antes mencionadas, de una forma paralela al desarrollo del proceso sociocultural.

TECNICAS APLICADAS A LA PLANIFICACION

El modelo de las nueve cuestiones — T. 3-1.2

• Tras el análisis de la realidad.. .

1. Por qué se va a actuar.

Se trata de razonar la acción, en función del análisis de la realidad efectuado previamente. Definir el origen y la fundamentación de dicha acción; localizar las necesidades y posibilidades detectadas en el diagnóstico.

2. Qué se va a hacer

Tras el análisis y el diagnóstico se decide qué hacer; al responder esta cuestión, se está definiendo la naturaleza del proyecto, incluso su denominación: dar nombre a la acción elegida.

• Una vez elegido un proyecto...

3. Para qué se va a actuar

Es decir, formular cuáles van a ser los objetivos que se pretenden alcanzar con la acción a emprender. La resolución de este interrogante ha de buscarse en relación con el análisis de la realidad anterior, conjugando necesidades y deseos con posibilidades: oportunidades y alternativas con riesgos y dificultades.

4. A quién se dirige la acción

Determinar cuáles van a ser los destinatarios, los distintos niveles de recepción de la acción que se van a producir. Es algo que encontrará sus antecedentes, una vez más, en el análisis de la realidad hecho *a priori*; esta cuestión es determinante para realizar la planificación.

TECNICAS APLICADAS
A LA PLANIFICACION

El modelo de las nueve cuestiones T. 3-1.3

• Al planificar la acción...

5. Cómo se va a hacer

Decidir, por un lado, las actividades y tareas que se desprenden de la acción/es elegidas; por otro, la metodología de trabajo que se va a utilizar. Un tercer aspecto que tendrá que resolverse será la organización más conveniente para el proyecto en marcha.

6. Con quién se va a contar

Determinar qué recursos humanos van a ser necesarios: equipo de coordinación, equipos de apoyo, colaboradores. Habrá que fijar igualmente la relación entre todos ellos y distribuir responsabilidades.

7. Con qué se va a realizar la acción

Se trata ahora de recursos materiales y económicos; habrá que saber cuáles son los necesarios y cuáles se tienen ya.

8. Cuándo se va a llevar a cabo

Conocer el tiempo del que se dispone, establecer un calendario de trabajo detallado, cuándo se va a realizar cada actividad, en qué momento ha de resolverse cada tarea, etc. En definitiva, establecer la frecuencia, la periodicidad y la secuencia de todo el proceso de gestion y ejecución.

9. Dónde se va a hacer

Concretar el ámbito de alcance del proyecto y los espacios en los que se va a intervenir.

TECNICAS APLICADAS A LA PLANIFICACION

El modelo de las nueve cuestiones

T. 3-1.4

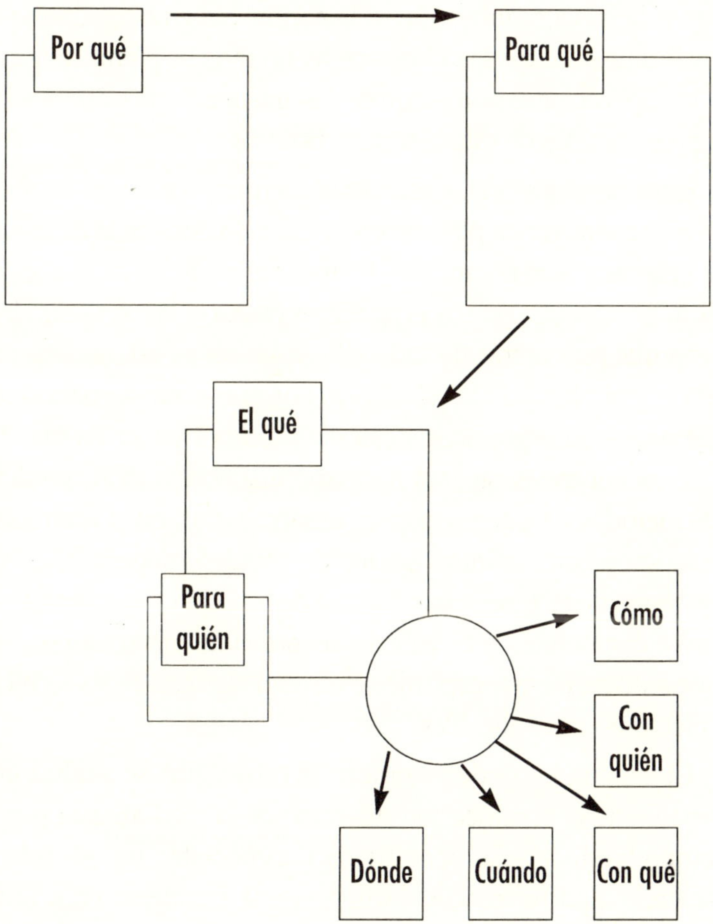

4.1. Niveles y plazos de planificación

A la hora de plantear qué es lo planificable y qué no, la respuesta es: todo. Todo salvo, claro está, aquellas situaciones que se han de resolver sobre la marcha, improvisando soluciones y respuestas y que corresponden al margen lógico de improvisación y de frescura inherentes a la acción. Sin embargo, aunque prácticamente todo sea planificable, no todo se planifica igual, ni las aplicaciones son siempre las mismas; estas diferencias sugieren niveles de planificación distintos.

Estos niveles se van a establecer en función del tipo de objetivos que motiven la planificación. Cuando estos sean de carácter general y se refieran a las finalidades globales de la acción, al hilo conductor con sus exponentes claves, a la estructura humana que está detrás de todo ello, entonces se estará determinando una *planificación estratégica.* Por el contrario, cuando los objetivos sean específicos y estén dirigidos a poner en marcha acciones concretas, se hará necesaria una *planificación operativa.* Los métodos y las técnicas para desarrollar un nivel u otro son variados y con distintos grados de utilidad, dependiendo de otra suma de factores -complejidad de la acción, experiencia, recursos disponibles, etc.- en los que, por el momento, no se va a profundizar. En este capítulo se ofrecen algunas de las técnicas y metodologías aplicables.

Cuando se habla de planificación estratégica, se alude a una variable de la planificación diferente de la mediatizada por el tiempo-límite de la operatividad inmediata; no se estaría haciendo aquí referencia al diseño de la *Estrategia,* en sentido más profundo del término. Esto sería motivo de capítulo aparte y de un nuevo libro.

La planificación estratégica actúa, respecto al factor tiempo, al contrario que la operativa; de tal forma que *al diseñar la estra-*

tegia el tiempo se plantea hacia adelante, mientras que una vez establecida aquella, *la planificación operativa efectúa una cuen*ta atrás desde el momento en el que se ha fijado cada acción a realizar, hasta el punto en que es necesario iniciar sus preparativos.

Respecto a los plazos de tiempo para los que se planifica, el criterio para establecerlos vendrá dado por el período durante el cual se pueda *comprometer un funcionamiento adecuado con los recursos disponibles.* Esto quiere decir que, con independencia del nivel de planificación, los recursos de los que se dispone en cada momento -personas, medios, infraestructura, dinero, etc.- aseguran un funcionamiento sin sobresaltos por un período de tiempo limitado, que sólo podrá ser ampliado si lo hacen también dichos recursos.

Tal y como se puede ver en el gráfico siguiente, el espacio socioambiental determina los recursos de los que se puede o podrá disponer, y estas dos variables determinan a su vez el tiempo para el cual se puede planificar la acción.

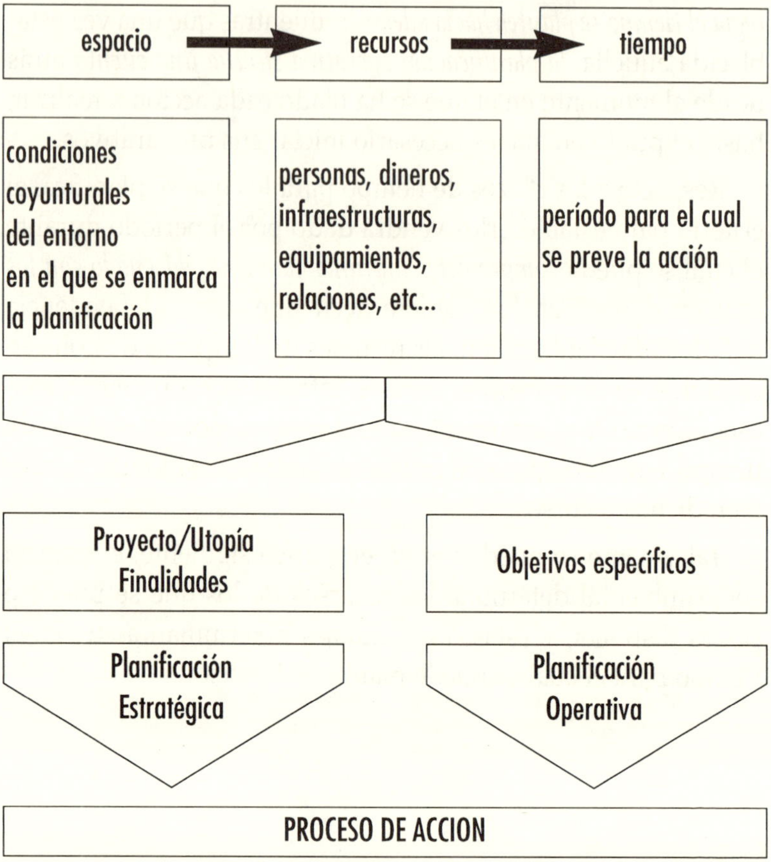

Fig. 3.6

4.2. Planificación estratégica

La estrategia es como la parte sumergida de un iceberg: no se ve pero sustenta lo que emerge a la superficie. Esto implica solidez en los planteamientos y la construcción de un estructura firme que no necesite ser apuntalada cada poco tiempo. Los elementos que configuran la planificación estratégica y que deben ser elaborados cuidadosamente *a priori* son: la utopía orientadora del proyecto, las finalidades y objetivos generales de la acción, los exponentes y actividades clave para cada periodo determinado de tiempo, la estructura organizativa que se disponga para llevar a cabo lo planificado, la infraestructura de apoyo necesaria, las relaciones que canalizan la circulación adecuada de información, los mecanismos de evaluación de la estrategia establecida y, por último, el tiempo para el que se establece la estrategia elegida.

1. Finalidades y objetivos generales: graduando la utopía

Como ya se apuntaba al principio, la Utopía es algo desmenuzable en porciones acordes con nuestro tiempo y nuestras posibilidades; cuando al elaborar la planificación estratégica se deciden las finalidades u objetivos generales de la acción, no se está haciendo otra cosa que graduar esa Utopía de la que se habla. Se están construyendo los escalones que conducen a ella. Algunas páginas más adelante se profundizará en los mecanismos para definir finalidades y objetivos de una forma correcta.

2. Los exponentes claves de la acción

Entre todo el marasmo de actividades que habrá que desarrollar para hacer realidad un proyecto, es preciso destacar y pulir con mayor esmero un número reducido en ellas. Estas son los exponentes claves del total de la acción emprendida; son los posos que van a quedar al final. Todo un trabajo constante y minucioso pasaría desapercibido sin cuatro o cinco elementos que transmiten al exterior qué es lo que se está haciendo. Estas claves generarán, además, puntos de referencia internos y externos sobre los que plantear acciones futuras. En definitiva, se está haciendo referencia a los actos más representativos de nuestros planes, a los pesos pesados.

3. Estructura organizativa

Otro eslabón importante es el que se refiere al modelo de organización por el que se opta; cada tipo de acción, cada situación social, los objetivos a los que se aspira, todo ello requiere una estructura organizativa específica. Los criterios básicos que ayudarán a determinar la organización adecuada serán los de eficacia y eficiencia; dicho de otro modo: aquello que asegure cumplir lo previsto en los plazos previstos y que se guíe por la economización de recursos. En otro capítulo de este libro se profundiza sobre este apartado referente a la organización.

4. Infraestructura de apoyo

Es la maquinaria que habitualmente permanece oculta pero sin la cual ninguna de las acciones más brillantes que aparecen al exterior serían posibles. Lo que en algunos medios se denominaba "aparato" alude al equipamiento material que pone en marcha y mantiene el resto de los elementos que componen la planificación estratégica, así como el equipo humano que hace que todo ello funcione. Sin duda es este ámbito uno de los más ingratos, ya que raramente tiene proyección al exterior y, por tanto, carece de estímulos sociales que refuercen su labor; sin embargo, sin su eficaz funcionamiento, nada de lo que socialmente se muestra sería realidad. Será necesario, pues, que los esfuerzos vengan del interior de la organización y que se tenga un mimo especial con todo lo relacionado con este aspecto.

5. A mejor relación, mejor información

Otro elemento propio de este nivel de planificación es el abanico de relaciones que interesa desplegar. En esta ocasión no se trata de un problema de cantidad, sino de calidad. No interesará un número cuantioso de relaciones, sino que éstas sean las adecuadas y las mejores para la acción que se realiza; y si las relaciones son la mascarilla, el flujo de información que transmiten son el oxígeno que da aires frescos y renovados a nuestra tarea. Las relaciones deben ejercer una fun ción de *feedback*, así la estrategia planificada preverá las vías de emisión y las de recepción: las primeras para mostrar las realizaciones más apreciables y contagiar socialmente con ellas, las segundas para recabar nuevas pistas de acción, nuevos canales de apoyo, nuevos conceptos y planteamientos para próximas actividades.

6. Financiación

He aquí otra asignatura pendiente. Suele ser, también, uno de los principales obstáculos para convertir proyectos en realidades. Es imprescindible aplicar cierta mentalidad empresarial a este elemento; dicho de otro modo, hay que combinar la agresividad en la búsqueda de recursos económicos con el criterio de rentabilidad. Todo cuesta dinero: el tiempo, los materiales, la infraestructura, los especialistas, el trabajo en exclusiva, la difusión, etc. No se puede actuar irresponsablemente en este apartado y limitarse a llevar la cuenta de la vieja, y la relación de facturas es hacerlo. El planteamiento financiero ha de implicar la previsión, el buscar los dineros para los proyectos -antes que hacer sólo los proyectos que me permite el dinero que tengo-, implica además una cierta capitalización o generación de beneficio que permita una estabilidad y amplitud de miras para futuras realizaciones. ¿Cómo se podría hablar de estrategia, sin un planteamiento económico estratégico?

7. Mecanismos de evaluación

Se dedica un capítulo entero a la evaluación y por eso no se va a abundar mucho aquí sobre este asunto; solamente señalar que en la planificación estratégica hay que establecer los mecanismos de contraste y revisión y los momentos idóneos para ponerlos en juego. Del cómo y por qué se habla en ese otro capítulo.

8. Tiempo y estrategia

El factor tiempo, cuando nos referimos a la planificación de la estrategia, no es algo tan tangible como ocurre en la planificación operativa de acciones. Habitualmente trabajaremos con periodos amplios de un mínimo de seis meses, aunque esto siempre ha de ser orientativo; sin embargo, es fundamental tener presente que los grandes proyectos requieren su tiempo, tiempo de ejecución y tiempo de transmisión. Por ello puede ser bueno trabajar con el concepto de bienio, trienio, o cualquier otro plazo que supere la ansiedad de lo inmediato.

4.3. Planificación operativa

Qué hacer para hacer cada cosa; *convertir en acción la estrategia planificada* con anterioridad: de esto se trata cuando se habla de planificación operativa. Trasladar los planteamientos teóricos a resultados prácticos.

Para explicar este segundo nivel de planificación la teoría general de sistemas puede servir como modelo; resumiendo: todo sistema es un conjunto organizado de elementos, integrados y ordenados lógicamente entre sí, que tienden hacia un mismo fin; supone la existencia de una serie de procesos interconectados, cuyo resultado global es superior al resultado de cada uno de ellos por separado.

Relacionando esta teoría sistémica con la planificación operativa, se sugieren dos cuestiones a resolver: la primera, la coordinación entre todos los procesos necesarios para desarrollar una acción, lo que economiza recursos y ofrece un mejor resultado; la segunda, la concreción de qué elementos comporta la entrada del sistema así como su interrelación, para que la salida -es decir, la actividad resultante- sea la proyectada.

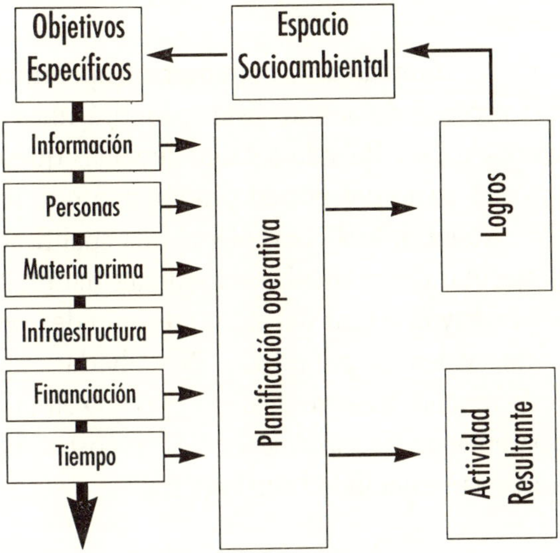

Fig. 3.7
La planificación operativa como sistema

1. *Información*

Ofrece los datos necesarios para ponerse a trabajar; es el canal a través del cual se van a conocer las premisas externas e internas de las que se parte en el momento de empezar a desarrollar cada actividad, pero no solo; también va a informar del estado de la acción en cada momento, para saber qué nuevos elementos hay que incorporar, qué correcciones hay que aplicar y cualquier otra cuestion que vaya surgiendo durante el proceso de realización. El elemento información es un análisis de la realidad *ad hoc*, es un catalizador que indica la marcha del trabajo, la necesidad de acelerar o ralentizar; aprovecha, por otro lado, la experiencia existente en el campo en el que se desarrolla la acción proyectada, evitando cometer errores ya cometidos y captando el sentido de oportunidad preciso. Habrá que decidir: dónde recabar la información que se necesita, qué tipo de información y qué canales se disponen para recibir la información de la marcha del proceso.

2. *Personas*

Es el elemento humano de la planificación operativa y determinante del proceso de acción. Este requerirá unas personas determinadas para ser llevado a cabo, personas que habitualmente formarán parte del núcleo promotor o que habrá que buscar fuera. Además, será conveniente una cualificación concreta; para ejecutar determinadas actividades hará falta acudir a especialistas, hay que huir del eterno recurso de: todos sabemos de todo, valemos para todo. No olvidar aquello de "Aprendiz de mucho, maestro de nada". Lo que en un momento dado aparenta un abaratamiento de los costes, más tarde puede mermar la rentabilidad final del trabajo y ser realmente costoso.

Así pues, esta segunda entrada de la planificación operativa alude a las personas que serán necesarias para desarrollar la acción y al papel que cada una de ellas ha de resolver.

3. *Materia prima*

Como su propio nombre indica, la materia prima son los componentes en bruto a partir de los cuales se va a construir el producto final objetivo de cada actividad. Como alguien dijo alguna vez: son los ingredientes de la paella, siempre resultarán los mismos, pero de cómo se cocinen y condimenten la paella será mejor o peor. Este ejemplo culinario aporta un dato importante: tanto valor tienen los materiales que se decida utilizar como el tratamiento que se haga de ellos.

Volviendo a la cocina, cuando se quiere realizar un plato cualquiera, se repasa cuáles son los ingredientes necesarios y la forma de cocinarlos, se mira el armario para comprobar cómo están las existencias, se va al mercado si hace falta o se le pide a la vecina. Es la planificación operativa aplicada a la cocina. Aplicar esto a la acción sociocultural es una tarea parecida...

4. *Infraestructura*

Y si ya se cuenta con la información, con las personas y con la materia prima, ahora habrá que definir qué infraestructura es la apropiada. Es decir, qué equipamientos, espacios físicos, instrumentación, etc., se van a precisar para la puesta en marcha de la acción. Todo ello merece el mismo cuidado que lo anterior, ya que un esmerado trabajo sin una adecuada infraestructura disminuye en brillantez y en capacidad de transmisión de su contenido al exterior.

5. *Financiación*

En consonancia con el planteamiento financiero que se exponía al hablar de planificación estratégica, en este caso hacemos referencia al coste específico de cada actividad. Recordando que coste no sólo es el dinero tangible que cuesta la materia prima o la infraestructura; también es coste el tiempo de trabajo, las personas, la amortización del equipamiento, el mantenimiento de la estructura común, etc.

6. *Tiempo*

El tiempo es un elemento que puede tener diferentes enfoques, todos ellos indispensables. Al realizar la planificación operativa habrá que determinar el tiempo del que se dispone para ejecutar la actividad proyectada, el tiempo mínimo necesario para realizar cada tarea previa, el tiempo en función del periodo global de proyección sobre el que se ha diseñado la planificación estratégica, el tiempo subjetivo que señala la idoneidad temporal para llevar a cabo una actividad determinada, etc. No hay que olvidar que el tiempo es una de las variables determinantes de la planificación, y que depende directamente de las otras dos: espacio y recursos.

TECNICAS APLICADAS
A LA PLANIFICACION

Gestión operativa de proyectos T. 3-2.1

Aplicacion/es:

- **Planificación operativa de actividades y proyectos**
- **Seguimiento de la realización de actividades y proyectos**

• En qué consiste:

Esta técnica para la Gestión Operativa de Proyectos consiste en realizar gráficamente el desarrollo de la gestión para la ejecución de un proyecto o actividad. Con la utilización de esta técnica se tiene de una forma resumida: todos y cada uno de los pasos que es necesario dar para llevar a cabo lo proyectado; el reparto de tareas; la temporización de cada acción; la distribución de recursos. Es una adaptación de diversas técnicas ya conocidas en la gestión: diagramas de PERT, cronogramas, etc.

• Desarrollo:

Por su carácter operativo, esta técnica se desarrolla en el seno del equipo de gestión o de coordinación; es casi de realización unipersonal, si bien su resultado gráfico es útil que esté a la vista de todos los implicados en la ejecución de cada actividad o proyecto al que se refiera.

Ha de ser, además, una herramienta flexible, que se pueda ir adaptando sobre la marcha, en función de la evolución de la ejecución; manteniendo siempre unos límites imprescindibles de solidez y eficacia.

• Cuándo interesa aplicarla:

Siempre al principio de la planificación operativa y durante toda su ejecución.

TECNICAS APLICADAS
A LA PLANIFICACION

Gestión operativa de proyectos T. 3-2.2

• Cómo se aplica:

Una vez que está claramente definida la actividad cuya ejecución ha de ser gestionada, se desarrolla sistemáticamente cada uno de los siguientes pasos:

1. Confección de la matriz de secuencia de tareas
2. Diagrama de secuencia de tareas
3. Cronograma de tareas
4. Cronograma de tareas y responsabilidades
5. Planigramas de información complementaria

1. Matriz de secuencia de tareas

De la actividad proyectada, se deriva una serie de tareas necesarias para su ejecución. La confección de esta matriz es conveniente para facilitar la realización del Diagrama posterior. La matriz de secuencia de tareas ordena éstas según su prioridad en la ejecución; es decir, establece qué tareas hay que hacer antes, cuáles después y cuáles pueden simultanearse. Para su confección, se elabora un listado completo de todas las tareas que hay que realizar, ordenándolas ya de una forma aproximada. Utilizando el siguiente ejemplo: "Habilitación de un espacio como Centro de Recursos y de Promoción de Iniciativas."

Las tareas a realizar serían:

1.- Localizar el espacio adecuado
2.- Gestionar su cesión o adquisición
3.- Realizar estudio y diseño de habilitación
4.- Obras de arquitectura interior
5.- Elección y adquisición del equipamiento
6.- Amueblamiento e instalación
7.- Diseño de campaña de presentación y difusión
8.- Apertura y presentación pública

La matriz de secuencia de tareas quedaría de la forma siguiente:

TECNICAS APLICADAS A LA PLANIFICACION

Gestión operativa de proyectos — T. 3.2.3

↓ lectura en sentido vertical: "tareas precedentes a cada una"

		A	B	C	D	E	F	G	H
A	Localizar Edificio		•	•	•	•	•	•	•
B	Gestionar cesión formal				•		•	•	•
C	Estudio/diseño habilitación				•	•	•	•	•
D	Obras interior						•	•	•
E	Equipamiento						•	•	•
F	Diseño campaña presentación							•	•
G	Instalación								
H	Apertura								

→ lectura en sentido horizontal: "tareas posteriores a cada una"

2. Diagrama de secuencia de tareas

Una vez confeccionada la matriz de secuencia de tareas, se realiza el diagrama. Este representa de una forma gráfica la sucesión de tareas en el tiempo y su interdependencia. Añade además otras informaciones:

fecha de comienzo — duración

TAREA

Responsable — última fecha de finalización

TECNICAS APLICADAS A LA PLANIFICACION

Gestión operativa de proyectos — T. 3-2.4

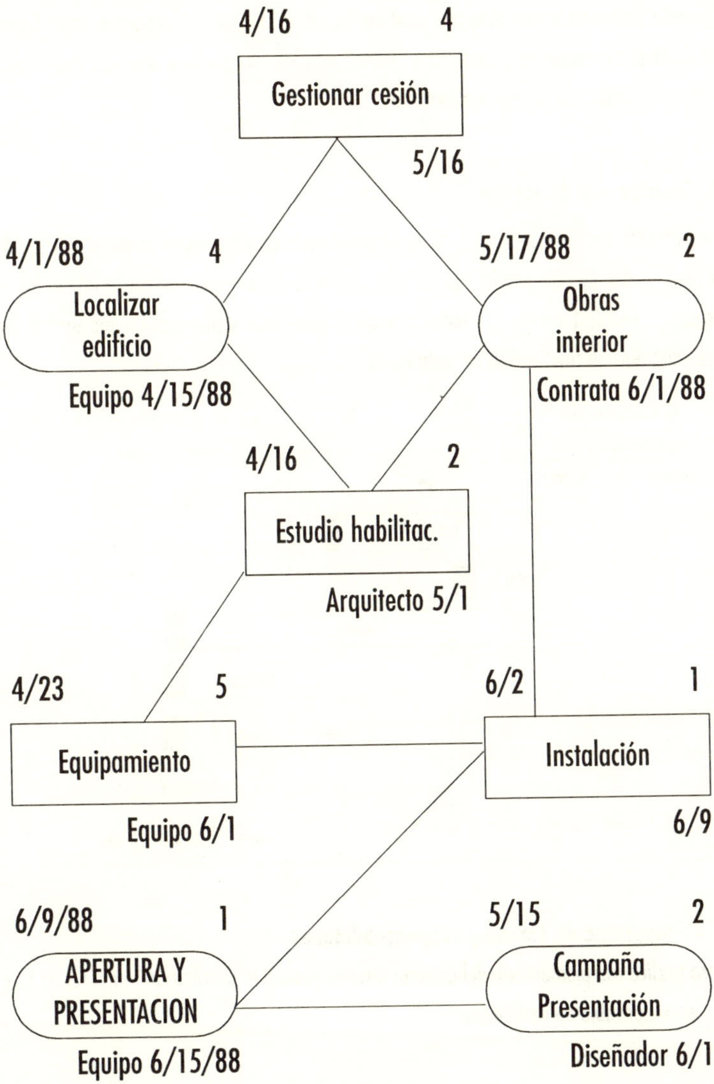

TECNICAS APLICADAS
A LA PLANIFICACION

Gestión operativa de proyectos T. 3-2.5

Con este diagrama se visualiza cuál es el camino de cada tarea, así como qué tarea depende de otra/s anterior/es y cuáles son "etapa", es decir, es necesario que se cumplan para poder continuar con el resto del proceso.

3. Cronograma de tareas

Un siguiente grafico a realizar es el que representa la distribución de tareas a lo largo del tiempo fijado. En el ejemplo que se está siguiendo los periodos vienen establecidos en semanas. Señala también qué tarea es etapa y (con trazo sombreado) el margen de flexibilidad para la finalización de cada tarea.

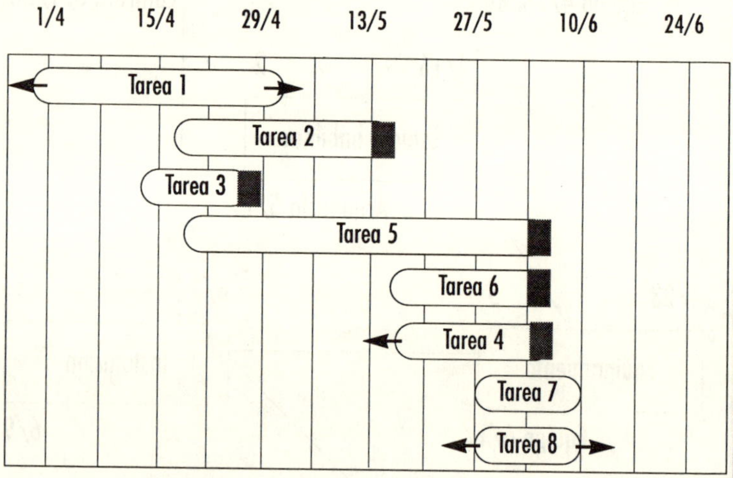

4. Cronograma de tareas y responsabilidades

Otro gráfico complementario del anterior incluye, junto a la distribución temporal de tareas, el responsable de realizarlas:

TECNICAS APLICADAS
A LA PLANIFICACION

Gestión operativa de proyectos T. 3-2.5

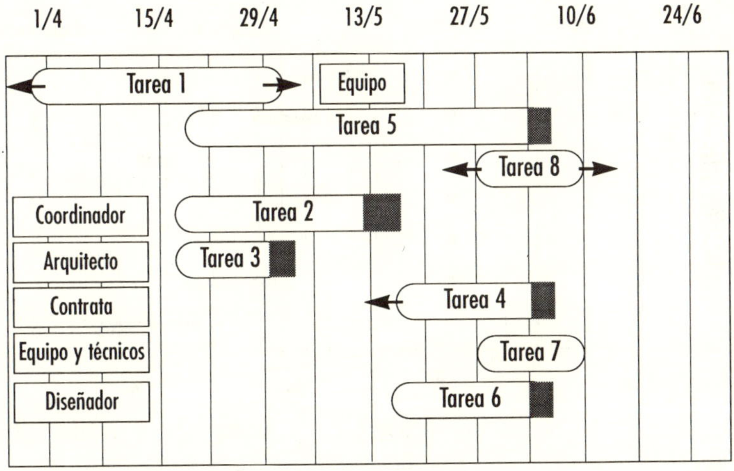

5. Planigramas de información complementaria

Por último se pueden elaborar otros gráficos que agrupen o añadan información complementaria, por ejemplo: cuadro resumen de tareas, duración, fechas exactas de comienzo y final, responsables y recursos necesarios.

En otro capítulo se aportan nuevas fichas de trabajo que incorporan datos referentes al tratamiento presupuestario de la planificaci6n y su ejecución.

Este tipo de organización gráfica de la planificación de proyectos aporta, no sólo la posibilidad de visualizar de una forma rápida toda la información relacionada con el proceso de gestión, sino también el hábito de estructurar de una forma racional y ordenada la ejecución de proyectos, paso indispensable para garantizar las propiedades de eficacia y eficiencia de las que antes se ha hablado.

En definitiva, la planificación estratégica y la operativa se asemejan a la estructura de un puzzle: la primera es el marco de referencia, la segunda es la suma de piezas necesarias para construirlo. El siguiente cuadro puede dar una idea de esta relación:

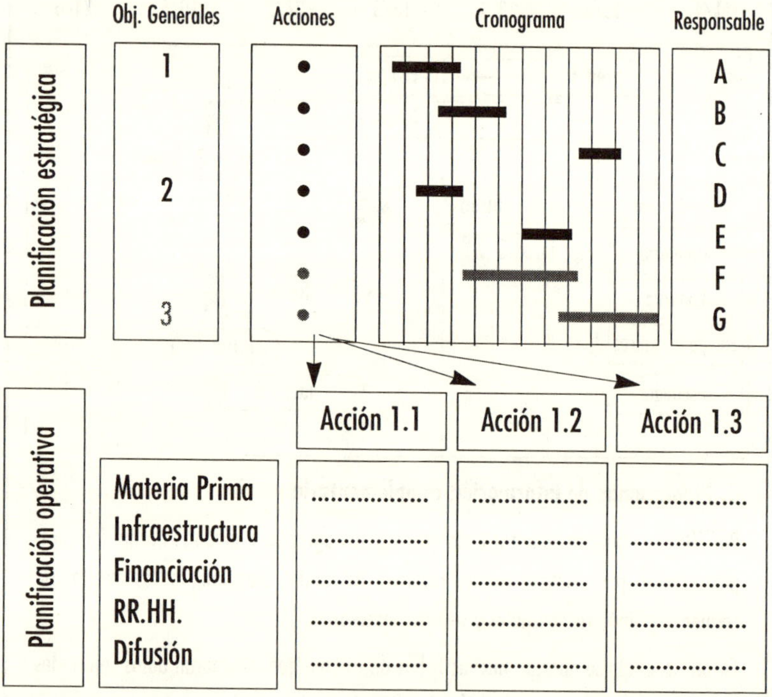

Fig. 3.8

5. Claves para una planificación útil

Aunque la mejor clave es el hecho de sentarse a planificar, una vez abordados el planteamiento general y la propuesta metodológica, es posible añadir algunas cuestiones que tienen por finalidad eliminar lagunas y establecer un punto de partida sólido. He aquí estas claves para una buena planificación:

5.1. Formulación de objetivos

Como ya se apuntaba al principio del capítulo, una adecuada formulación de objetivos es imprescindible para un acertado desarrollo posterior de la acción. Sin embargo, el establecer objetivos correctamente suele ser poco frecuente y lo que en su lugar se hace son formulaciones estereotipadas, desproporcionadas o excesivamente abstractas.

Niveles de planificación y objetivos

La primera diferenciación que interesa resolver es la relacionada con los niveles de planificación ya planteados. Recordando, se contemplaban dos niveles: planificación estratégica y planificación operativa; ambos niveles se diferenciaban entre sí por su contenido (los elementos que configuraban las entradas de cada uno de ellos) y por los objetivos que los determinaban. En el caso del nivel estratégico los objetivos eran específicos. Pues bien, es esencial que la diferenciación entre ambos tipos de objetivos esté clara, ya que clara y precisa será también cada planificación elaborada. He aquí una propuesta para la diferenciación entre finalidades y objetivos:

FINALIDADES

- Son motivaciones básicas de la acción.
- Su establecimiento está vinculado a los planteamientos previos de la utopía.
- Son líneas maestras que orientan la planificaci6n estratégica y a su vez todas las acciones parciales que se emprendan.
- Son metas amplias planteadas a largo plazo y evaluables sólo tras este proceso de tiempo.
- Los términos en los que se formulan son abstractos.

OBJETIVOS

- Son directrices concretas para la acción.
- Conducen a la consecuci6n de las finalidades y de la estrategia global.
- Son metas concretas que determinan la planificación operativa.
- Son planteados a medio y corto plazo y, por lo tanto, evaluables en ese mismo periodo de tiempo.
- Se formulan en términos operativos que conducen a la acción: indican actividad.

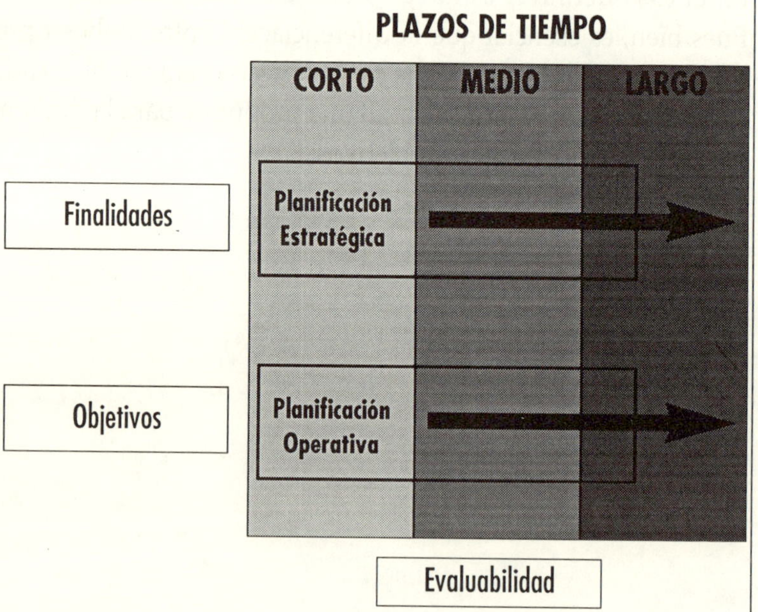

Fig. 3.9

Tras esta diferenciación el siguiente paso consiste en formular adecuadamente los Objetivos de manera que estos sean útiles y productivos para la acción que se derive de la Planificación Operativa. Su correcta formulación exige que dichos objetivos cumplan la siguiente serie de condiciones:

- Que sean *coherentes* con las finalidades fijadas y con el contexto ideológico del que emanan.
- Que *motiven* para la acción; es decir, que los participantes en el proceso se identifiquen con ellos y los relacionen con sus propios intereses o aspiraciones, lo que necesariamente conlleva...
- Que sean *participativos,* de modo que todos los implicados hayan participado en su discusión y posterior elaboración.
- Que sean *concretos* y estén planteados con *claridad,* o lo que es lo mismo: que establezcan con exactitud qué es lo que se pretende alcanzar y que esto sea entendido igualmente por todos.
- Que sean *proporcionados* con los recursos de los que se dispone, así como con las condiciones socioambientales en las que se establecen; este hecho evita frustraciones inútiles y traslada la misma proporcionalidad al momento de evaluar los resultados, para el cual será preciso haber formulado unos objetivos.
- Que sean *evaluables,* es decir, que al finalizar la acción permitan verificar con exactitud si se han cumplido o no y por qué; asegurando, además, que exista acuerdo común sobre ello. Esto implica que, frente a los términos abstractos y generales de las finalidades, los objetivos deberán plantearse en términos concretos que signifiquen lo mismo para todos los que los deciden, en este momento y en el de su evaluación.

5.2. Principios de los sistemas

Unos cuantos párrafos antes se recurrirá a la teoría general de sistemas para explicar el proceso de la planificación. Esta teoría establece unos principios que deben regir el funcionamiento de los sistemas; comparando de nuevo estos con la planificación, dichos principios constituyen una nueva clave a tener en cuenta:

- *Equifinalidad:* la planificación debe estar diseñada de tal forma que se puedan alcanzar los mismos objetivos a través de medios o acciones diferentes, lo que obliga a tener la capacidad suficiente para poner en marcha caminos alternativos, no limitando la consecución final a una sola posibilidad de acción.

- *Estabilidad:* la planificación debe posibilitar un funcionamiento eficaz y estable frente a las posibles interferencias o modificaciones de factores externos.

- *Adaptabilidad:* esto es, la capacidad de evolucionar dinámicamente en función del cambio que experimenten las condiciones del medio en el que se desenvuelve la acción planificada, manteniendo su eficacia y su orientación hacia los objetivos previstos.

- *Eficiencia:* una buena planificación debe atender a sus objetivos con economía de recursos, ajustando al máximo posible la relación entre objetivos y posibilidades.

- *Sinergia:* la planificación debe estar planteada de manera que la coordinación entre todos sus componentes ofrezca un avance superior al que ofrecerían cada uno de ellos funcionando aisladamente.

- *Retroalimentación:* se deben crear los mecanismos para reciclar la información sobre el desarrollo de la planificación, para que ésta pueda mejorar sus capacidades de equifinalidad, adaptabilidad, eficiencia y sinergia.

TECNICAS APLICADAS A LA PLANIFICACION

La TGN: técnica del grupo nominal — T. 3-3.1

Aplicaciones

- toma de decisiones
- formulación de objetivos
- generación de alternativas
- implicación de los destinatarios

• En qué consiste:

Esta técnica es una "tormenta de ideas" con un resultado objetivado. Es útil, pues, para todos aquellos momentos en los que es necesario llegar a conclusiones o propuestas comunes y existe dificultad para llegar a un acuerdo unánime o para definir con claridad los objetivos colectivos. Ofrece, además, una priorización de las proposiciones resultantes.

• Desarrollo:

Se puede llevar a cabo en gran grupo, siempre que este no sea superior a 12 personas. A partir de esta cifra conviene hacer subgrupos y efectuar una síntesis posterior.
Su duración es de dos horas por término medio.
Se combina el trabajo personal con la interacción del gran grupo.

• Cuándo interesa aplicarla:

Especialmente cuando no se trate de núcleos de trabajo reducidos en los que los procedimientos para la toma de decisiones son más directos, sino cuando esto haya que resolverlo en grupos más numerosos, heterogéneos en su composición y con falta de hábito de trabajar como tal colectivo.

• Antes de utilizar esta técnica:

Conviene dedicar tiempo suficiente a la preparación de la reunión en la que se vaya a utilizar, formulando claramente las cuestiones a resolver (pregunta concisa) y las razones por las que se plantean. Presupone la existencia de una mínima experiencia anterior sobre el tema tratado.

TECNICAS APLICADAS
A LA PLANIFICACION

La TGN: técnica del grupo nominal T. 3-3.2

• Cómo se aplica:

1. Se presenta la pregunta por escrito al grupo.

2. Generación silenciosa e individual de ideas, sobre la pregunta formulada. Este paso se realiza por escrito.

3. Puesta en común y registro de la totalidad de ideas. Se va preguntando una sola idea a cada participante, rigurosamente por orden; cuando se haya efectuado la primera ronda, se pedirá la siguiente idea, y así sucesivamente. Durante el proceso, cada miembro del grupo puede incorporar nuevas ideas que expondrá en su turno. No se puede hacer comentarios o valoraciones sobre las ideas que se van exponiendo.

4. Discusión y aclaración de las ideas registradas. Una a una es discutida y aclarada lo suficiente. El objetivo de esto es conocer la motivación que hay detrás de cada idea, no resolver diferencias de opinión.

5. Voto selectivo. Se trata de reducir el número de proposiciones surgidas a las realmente valiosas para el grupo. Se emite individualmente un voto por categorías (por ej.: las cinco ideas con las que se está más de acuerdo, expresadas por orden de mayor a menor). En situaciones sencillas este paso sería el último; en las complejas se darán los dos pasos siguientes.

- *Discusión del voto selectivo.* Se trata de nuevo de aclarar, no de presionar o convencer. En este momento se refuerzan las ideas potentes y se constatan las poco consistentes.

- *Voto definitivo:* Mismo criterio que en el apartado 5. El resultado obtenido establece las bases para realizar la proyección correspondiente.

5.3. Planificación estática y planificación dinámica

En relación con alguno de los principios mencionados antes, surgen dos conceptos: el de la planificación estática -marco de referencia global diseñado inicialmente-, y el de planificación dinámica -que rectifica el proceso de intervención en función de los nuevos datos que se van incorporando-. La clave de esta doble conceptualización está en la capacidad de flexibilizar los procesos de acción lo suficiente como para evitar que la planificación sea un corsé que limita permanentemente la acción y el avance, en lugar de ser una herramienta imprescindible.

La planificación no debe estar enfrentada a la imaginación o la creatividad; al contrario, facilita y amplía las posibilidades de acción, generando nueva información y abriendo nuevas vías de intervención. Esto sugiere otro factor importante: lo proyectado nunca será igual a lo realizado; esta premisa está vinculada al cambio constante de la realidad y de sus condiciones e implica los principios ya mencionados. Ahora bien, habrá que prestar mucha atención al margen existente entre la planificación y la realización; su mayor o menor grado marcará pautas de interés a la hora de efectuar la evaluación del proceso llevado a cabo.

5.4. Decision-Acción-Responsabilidad

Toda planificación debe implicar necesariamente la puesta en práctica de este trinomio: decisión-acción- responsabilidad. Planificar tiene que haber supuesto una toma de decisiones respecto a qué hacer y cómo hacerlo, decisiones que conllevarán unas acciones determinadas y acciones que deberán tener tras de sí unos responsables de su ejecución, convenientemente explicitados.

5.5. Registro y reciclaje de la información

La planificación supone manejar un caudal variable de recursos necesarios para desarrollar cada acción proyectada.

Cuando estas acciones son parte de un proceso, es imprescindible contar con una memoria viva y ágil de los datos que se requieren y que se van generando en dicho proceso; el *Registro de Datos* sistematizado evitará olvidos trascendentes y posibilitará la economía de esfuerzos y de recursos de la que ya se ha hablado. Este tratamiento de la información permitirá aplicar el criterio de la *multifuncionalidad* a los recursos, con lo que se optimizará su utilización .

El segundo aspecto de esta clave es el de reciclaje de la información; una forma práctica de resolverlo es el incluir en la planificación una serie de *Puntos de Control* que, aplicando el mecanismo de pregunta-respuesta, permitan evaluar continuamente el proceso de intervención y acción, saneándolo y eliminando las posibles lagunas que lo entorpezcan.

6. Ambitos de aplicación

Por último, para cerrar este capítulo, puede ser bueno conocer los ámbitos de aplicación de la planificación. En muchos casos existe el concepto erróneo de que este tipo de metodologías son patrimonio exclusivo de ámbitos de una cierta complejidad y que ponen en juego una gran número de recursos; nada más lejano a la realidad.

El "desde dónde se planifica" ha de abarcar un amplio abanico de realidades socioculturales que incluye, entre otros, los siguientes ámbitos: asociaciones y coordinadoras populares; colectivos populares especializados -escuelas de adultos, grupos de teatro, APAS, clubs deportivos, organizaciones alternativas y reivindicativas, etc.-; colectivos profesionales; equipos uni o multidisciplinares de trabajo; equipamientos socioculturales (centros culturales, instalaciones deportivas, departamentos institucionales de cultura, bibliotecas, centros de información, etc.).

TECNICAS APLICADAS
A LA PLANIFICACION

Delphi: Planificación a distancia T. 3-4.1

Aplicaciones:

- Planificación de procesos de acción en los que los participantes tienen dificultades para reunirse con frecuencia.
- Toma de decisiones conflictiva en la que los implicados mantienen algún tipo de oposición entre sí.

En qué consiste:

Es una técnica basada en la comunicaci6n a distancia, mediante una serie de cuestionarios consecutivos que, bien aproximan diferentes posturas iniciales, bien recogen la mayor cantidad de información posible respecto a la tarea prevista. Es una forma de consulta amplia sistematizada, para obtener un fin concreto.

• Desarrollo:

La técnica Delphi se puede desarrollar en muy variados contextos: en el seno de una organización numerosa, en un colectivo reducido, en un entorno social amplio, implicando a participantes dispersos geográficamente relacionados o no entre sí, etc. Requiere muy pocos medios e infraestructura: un núcleo reducido en donde se toman decisiones o se efectúan interpretaciones de la informaci6n, una persona que distribuye y recopila cuestionarios e información sucesiva, unos participantes en el proceso sin que sea necesaria su presencia física.

• Condiciones para su aplicación:

Es preciso contar con suficiente tiempo. Si éste fuese limitado o escaso, empeora los resultados de la técnica.

Por otro lado, es importante el grado de motivación de los entrevistados para aumentar la eficacia.

TECNICAS APLICADAS
A LA PLANIFICACION

Delphi: Planificación a distancia T. 3-4.2

Otra condición necesaria es que los entrevistados tengan un dominio suficiente de la expresión escrita o que esto sea sustituido por un cuestionario muy sencillo o por otro sistema (grabaciones, por ejemplo).

• Cuándo interesa aplicarla:

Cuando los implicados en la elaboración de un plan de acción tienen dificultades para reunirse con frecuencia, cuando interesa conocer la opinión de expertos dispersos; si necesitamos la opinión de un abanico amplio de población; cuando es preciso aunar criterios o llegar a un consenso sobre determinadas pautas de acción, etc...

• Cómo se aplica:

1. Determinación de los objetivos a conseguir.
2. Formulación de la pregunta o preguntas iniciales, o de un texto que motive el proceso.
3. Selección de los entrevistados e información del proceso que se inicia.
4. Distribución del cuestionario inicial (1).
5. Recepción y análisis del cuestionario 1.
6. Organización de la información y elaboración de un segundo cuestionario, si procede.
7. Distribución del cuestionario 2.
8. Repetición del proceso (las veces que se consideren necesarias; podría no tener fin).
9. Análisis global y conclusiones finales para la confección del plan de acción.

Otra cuestión a contemplar junto con el "desde dónde", es el "qué se planifica"; en este caso hay que abrir los ámbitos operativos de aplicación de esta metodología, de tal modo que no sólo son planificables los proyectos globales de acción, sino que también son objeto de planificación los siguientes aspectos: el trabajo y el funcionamiento de un equipo; el tratamiento de la información; la búsqueda de nuevos recursos; tareas específicas; cada acción proyectada; la difusión; la coordinación con otras realidades; en definitiva, todos y cada uno de los elementos que componen el proceso de acción o intervención.

7. En resumen...

La planificación en los procesos de intervención sociocultural es el sistema para hacer efectivas las decisiones tomadas, realizar el plan elegido y conseguir los objetivos formulados.

El panorama más frecuente, en lo que a aplicación de metodologías de planificación se refiere, presenta un aspecto no demasiado alentador: metas difusas, tendencia a la improvisación sobre la marcha, concentración de tareas en unos pocos, la inercia o la rutina como pautas de trabajo, carencias de ideas que proyectar, falta de conciencia de avance, descontrol de las contingencias, diseños de proyectos muy bonitos pero poco prácticos, etc.

La planificación sociocultural implica, sin embargo, la graduación de la utopía, anticipar el futuro, pasando de la realidad ineludible a la utopía creadora. Al planificar se elabora una prospectiva diseñada para la acción, que aproveche las oportunidades y las alternativas, y que prevea los riesgos y las dificultades. La planificación se convierte así en el hilo conductor del proceso colectivo que, como tal, exigirá una implicación de todos los factores humanos intervinientes, para poder esperar luego un adecuado compromiso en la ejecución.

La propuesta metodológica que aquí se ofrece parte de la combinación entre recursos y tiempo como variables condicionantes para la acción; los plazos idóneos para cada planificación estarán conformados por el tiempo para el cual se puede comprometer un funcionamiento adecuado con los recursos disponibles.

Distinguiremos dos niveles de planificación basados en el distinto alcance de cada uno: planificación estratégica -relacionada pero diferenciada del concepto de estrategia- y planificación operativa; el primer nivel -el estratégico- se construye sobre finalidades y motivaciones generales de la acción, previendo sus exponentes claves, la infraestructura de apoyo precisa, la organizaci6n de la estructura humana y los mecanismos de evaluación. El segundo nivel -el operativo- se elabora sobre objetivos específicos conducentes a la acción, con los siguientes elementos: información, personas, materia prima, infraestructura, financiación, tiempos de realización... En síntesis, la planificación estratégica se plantea el tiempo hacia adelante en su prospección; en la planificación operativa, el tiempo cuenta hacia atrás.

En definitiva, las claves que posibilitan una planificación útil son: una adecuada formulación de objetivos, que estos sean coherentes, motivadores, participativos, concretos, proporcionados y evaluables; la aplicación de los principios de la teoría general de sistemas: equifinalidad, estabilidad, adaptabilidad, eficiencia, sinergia y retroalimentación; la previsión de la flexibilidad necesaria para planificar; la existencia de la relación decisión-acción-responsabilidad y un eficaz sistema de registro y reciclaje de la información.

Por último, recordar la universalidad de la aplicación de la metodología de planificación, desde el ámbito más sencillo al más complejo, desde un aspecto parcial de la acción a su globalidad.

Capítulo IV

La organización de los Recursos Humanos: el equipo de trabajo

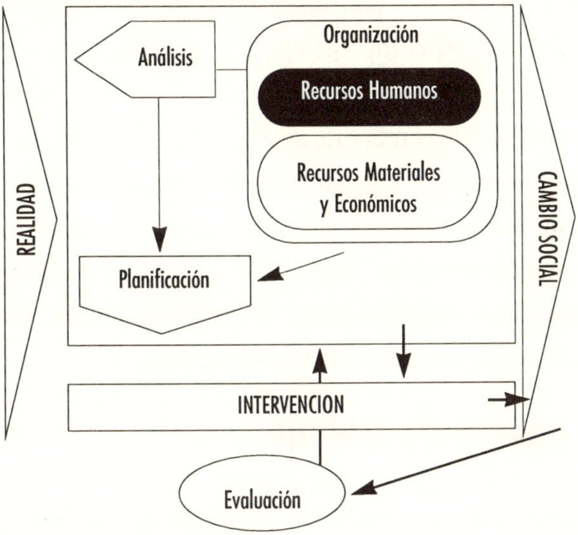

En este capítulo vas a encontrar:

- Un comentario sobre las posibilidades y dificultades del equipo de trabajo.
- La relación de funciones de un equipo base.
- El análisis de la estructura de un equipo: las partes de las que se compone, (comisiones, cargos), su adscripción a las distintas funciones y las relaciones que mantienen entre sí.
- Una aproximación a la dinámica del equipo.
- Las relaciones entre los grupos en la organización de la comunidad.
- Un estudio de la reunión como conducta clave del equipo: los elementos a tener en cuenta.
- Las distintas formas de interactuar las personas en una reunion.
- Los diferentes tipos de reunión.

1. Planteamiento

Este capítulo afronta la organización de los recursos humanos a partir de la consideración del trabajo en equipo. Aunque este enfoque no es el único, resulta de especial interés en los procesos de animación sociocultural.

En primer lugar, se considera el equipo de trabajo como una estructura, con su composición, sus funciones y su dinámica. En segundo lugar, se considera el trabajo en equipo como una conducta de grupo en el que se analiza la reunión (sus elementos y tipos) y las diferentes formas de interacción. Considerar el equipo de trabajo como conducta presupone que si un equipo acierta en sus fórmulas de reunión, acierta como equipo, pues en la reunión se resuelve tanto el tiempo de encuentro como el de distribución y realización por separado.

2. El equipo de trabajo

En las tareas de animación sociocultural es impensable el trabajo en solitario. Ya se esté como contratado individual, o se sea el único superviviente de una asociación, el objetivo de formar un equipo base, por pequeño que sea, ha de convertirse en prioritario.

El trabajo en equipo y la coordinación de equipos es una de las formas de ser de la animación sociocultural, pues permite una serie de posibilidades a las que no tienen acceso -al menos en la misma medida-, las personas que trabajan aisladamente. De este planteamiento, sin embargo, no se deduce que las personas por el mero hecho de estar "reunidas" han de obtener un rendimiento óptimo como equipo de trabajo.

El trabajo en grupo puede convertirse en uno de los instrumentos metodológicos más potentes de los que se dispone en el quehacer sociocultural:

• Lejos de ser una media aritmética de las cualidades y los defectos de cada miembro, permite la conjunción de lo mejor de cada uno y la selección de la mejor cualificación del grupo para las distintas tareas a las que se enfrenta.

• La formación de equipos posibilita una cierta independencia del grupo en relación con las personalidades que lo componen, pues puede subsistir más allá de la permanencia de éstas y no depende tanto de los ritmos personales de quienes llevan las tareas a cabo.

• El grupo es, en general, más creativo que los individuos que trabajan aisladamente, pues permite aportar más y mejores soluciones a los problemas, a la vez que asume más fácilmente los riesgos que cuando se actúa de forma aislada.

• Con una adecuada división y coordinación del trabajo el grupo tiene acceso a realizar tareas complejas y de mayor alcance que una persona aislada.

• Las decisiones de un grupo suelen estar más fundamentadas, pues maneja mucha más información, cuenta con mayores referencias y tiene más posibilidades de anticiparse y rectificar los errores.

• La mera presencia de otras personas eleva el nivel de motivación del individuo que realiza una tarea, sobre todo si ésta tiene la expectativa de ser evaluada en su rendimiento. Lo que somete al grupo a un peculiar sistema de autocontrol colectivo, nada desdeñable desde el punto de vista del rendimiento del equipo.

• El equipo, por otra parte, no tiene por qué ahogar las características particulares de sus miembros, aunque para ello debe contar con una estructura adecuada que asuma y potencie la heterogeneidad del grupo.

Se podría continuar enumerando razones[1] de las posibilidades del trabajo en equipo; sin embargo, se resaltarán sólo dos más: el trabajo en interlocución permanente es en general más agradable, dinámico, flexible, rico y adaptativo, y sobre todo no es posible apostar por el cambio social si este trabajo no se hace "en sociedad".

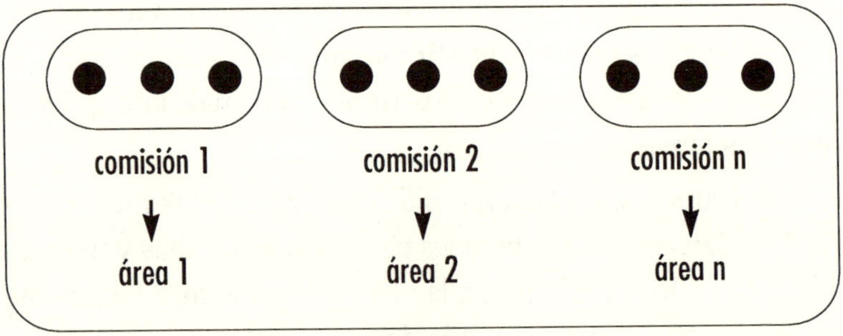

Fig. 4.1
El equipo base

Sin embargo, no siempre los equipos encuentran las fórmulas para obtener un rendimiento satisfactorio, pues son numerosas las dificultades con las que se encuentra en la práctica cotidiana:

- El trabajo en grupo resulta a veces extremadamente lento y correoso.
- El grupo proporciona cobijo y puede inhibir a parte de sus miembros para asumir riesgos individuales, imprescindibles para el crecimiento personal y colectivo.
- A menudo se diluyen las responsabilidades, dejando tareas sin realizar que son necesarias para un adecuado rendimiento del grupo.

[1] Una fundamentación científica de las posibilidades y limitaciones del grupo de trabajo puede encontrarse en el libro de Martin Shaw, *Dinámica de grupo*, Herder, Barcelona, 1980.

• En ocasiones el equipo gasta más energía en las tensiones que surgen del propio grupo que en las dificultades derivadas de la tarea.

• Los equipos con una estructura deficiente tienden a concentrar un exceso de responsabiliades en una parte pequeña del grupo. Y al contrario, una parte excesivamente grande se concentra en tareas que requieren un menor número de personas para su correcta realización. Esto es, uno para todo y todos en todo.

Sin embargo, sería demasiado precipitado extraer conclusiones negativas en los primeros intentos de trabajo en equipo cuando estos no son satisfactorios. Como tal proceso requiere ir rectificando errores y adaptándose a las posibilidades de su propia personalidad. Con la formación de un equipo base se asume una nueva e interesante tarea, el aprendizaje del trabajo en equipo, proceso que no por atractivo está exento de complicaciones, pues se trata de conjugar eficacia, satisfacción, participación y potencia.

2.1. Las funciones del equipo base

Las funciones que un equipo debe resolver son múltiples y varían según: el contexto en el que se trabaja, el momento del proceso de animación, la existencia de otros equipos paralelos o complementarios, el tipo de tareas a las que se enfrenta en un momento dado, etc. Sin embargo, existen algunas funciones que son comunes a los equipos (ver fig. 4.2) independientemente del momento en que se encuentren.

Estas funciones, de una forma o de otra, han de llevarse a cabo en todo proceso de animación sociocultural. El hecho de que el presente libro se centre explícitamente en algunas de ellas hace que sea necesario detenerse, al menos brevemente, en las restantes funciones.

Funciones de un equipo base

- analizar la realidad
- programar la acción
- realizar las actividades
- coordinarse y autodirigirse
- interconexión y proyección
- evaluación y seguimiento
- formación
- ....
- ....
- apertura a nuevos planteamientos

Fig. 4.2
Funciones

■ La coordinación o dirección del equipo

Todo colectivo humano necesita resolver el hecho de su propia dirección, esto es, su capacidad para ponerse en movimiento o, en otras palabras, su capacidad para generarse instrucciones de acción en un momento dado, (denominada como función de liderazgo en psicología social y como poder en ciencia política).

La función de liderazgo es consustancial al grupo; se pueden suprimir los líderes, pero no la función. Con bastante frecuencia se tiende a equiparar los términos líder y *función de liderazgo*. Si bien es cierto que esta función suele resolverse a traves de los líderes (o directores), esto no quiere decir que sea la única fórmula para su resolución. Existen otras formas como la coordinación por comisiones, la rotación de responsabilidades de liderazgo, o el desdoblamiento de la función en múltiples tareas, que permiten resolver la función de liderazgo sin que se concentre en una sola persona. Fórmulas que, lejos de ser una conducta espontánea del grupo, requieren una fuerte estructura y un entrenamiento consistente para que resulten eficaces.

Interconexión y proyección

La inevitable tendencia del equipo a aislarse y a tomarse a sí mismo como única referencia ha de ser contrarrestada con un ágil intercambio y una conexión con otros equipos y grupos que trabajen en ámbitos parecidos. La función de interconexión permite acceder a otras informaciones y referencias que son necesarias para afrontar tareas complejas para las que un equipo aislado no tendría capacidad. Por otra parte, proporciona una retroalimentación de interés para que el propio equipo pueda conocerse a sí mismo desde una perspectiva relacional. Una conexión adecuada deja las bases para la construcción de un tejido social, con capacidad para respuestas integradas a problemas que trascienden el ámbito del equipo y la organización en la que está inmerso. La proyección al exterior convierte la acción de los equipos y asociaciones en mensajes de carácter social, para los que habrá otros receptores que amplifican la acción y la trascienden.

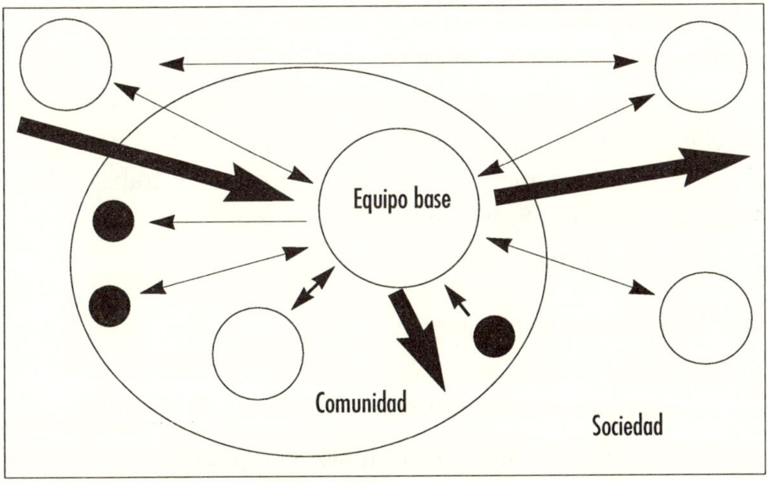

Fig. 4.3 Interconexión y proyección

La formación

Un equipo de trabajo que pretende ser dinámico y adaptativo debe considerar la formación como una función que el propio equipo tiene que resolver. Función de especial importancia si se tiene en cuenta que el proceso de animación, si es consistente, cada vez exige una mayor cualificación y, a la vez, es una fuente constante de aprendizaje en el transcurso de la acción. Como tal función debe tener sus momentos y sus movimientos específicos, para que de hecho se lleve a cabo.

Apertura a nuevos planteamientos

Tanto los equipos, como los grupos y las organizaciones, tienden con frecuencia a hacer las mismas cosas y de la misma manera, tendencia lógica y necesaria desde muchos puntos de vista (necesidad de seguridad y de disminuir riesgos), pero contraproducente si se considera que la realidad es cambiante y la forma de afrontarla también. La incapacidad de generar nuevos proyectos y nuevos planteamientos puede llevar a los grupos, equipos y asociaciones a su muerte. O lo que es peor, a un anquilosamiento que le incapacite para responder de forma adecuada a la realidad por la que trabaja, y se convierta en una simple autolegitimización de su existencia. Para que la función de apertura se lleve a cabo es necesario incorporar momentos en el equipo en los que se examinen los planteamientos actuales y se estudien nuevos proyectos y formas de trabajo. Aun cuando un equipo funcione bien, no necesariamente ésta en la mejor de las formas posibles.

2.2. La estructura del equipo

Los elementos que conforman la estructura de un equipo son:

A. Las partes en las que se divide el equipo (cargos, comisiones, órganos, etc.).

B. Las funciones y su adscripción a las diferentes partes o al todo.

C. Las relaciones funcionales existentes entre las partes.

a) Las partes de un equipo

Presentan diferentes formas:
— unipersonales o pluripersonales
— permanentes o *ad hoc*
— abiertas o cerradas
— autónomas o dependientes
— longitudinales o transversales

■ Unipersonales o pluripersonales

En el primer caso, se suelen denominar como cargos y en el segundo, comisiones. Ambas tienen sus ventajas e inconvenientes a la hora de optar por una forma u otra. En el primer caso, no se diluyen las responsabilidades, pero, si falla la persona, falla la función. En el segundo permite el trabajo en interlocución, existe un control recíproco y si alguien falla, puede ser suplido por otro. Sin embargo, requiere más tiempo, si se considera la suma del tiempo dedicado por cada uno.

■ Permanentes o *ad hoc*:

Existen comisiones o cargos que, por el carácter de las funciones que llevan a cabo, han de ser permanentes. Tal es el caso de la secretaría, la coordinación, la economía, etc. Otras, por el contrario, se montan para realizar una tarea y desaparecen como tal cuando ésta termina. Estas son las comisiones *ad hoc*, de gran interés para darle una buena flexibilidad al equipo.

Abiertas o cerradas

Las primeras permiten un número indeterminado de personas, las segundas no. Esta característica que permite incorporar fácilmente a los rezagados y nuevos está en función de la tarea que lleva a cabo la comisión. No es lo mismo poner direcciones que realizar un presupuesto.

Autónomas o dependientes

No constituye tanto dos formas de ser como un continuo en cuyos extremos estarían la autonomía y la dependencia absoluta. La regla general para un equipo que pretende ser operativo es mantener la mayor autonomía posible siempre que no vaya en detrimento del proyecto global.

Longitudinales o transversales

Se entiende por longitudinales aquellas comisiones que desarrollan en profundidad un área o actividad, o parte de un área (comisión de deportes, de habilidades sociales, de animación a la lectura, etc.). Las transversales son aquellas que afectan a todas las áreas, como es la comisión de coordinación, la de asuntos económicos o la secretaría.

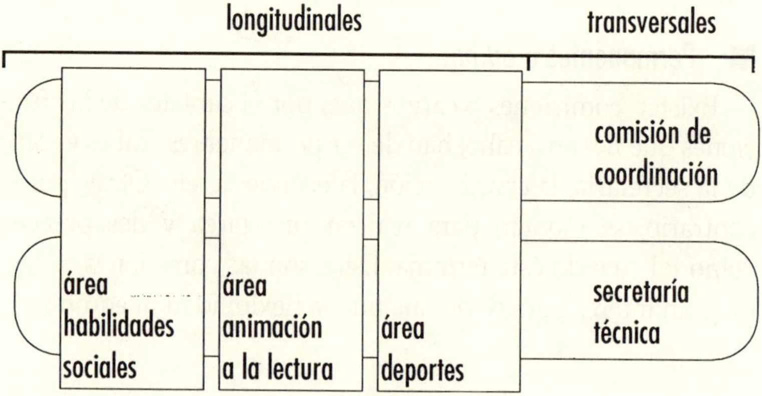

Fig. 4.4
Comisiones

B. La adscripción de funciones a las partes del equipo o al todo

El interés aquí reside en que estén clarificadas las funciones y su relación con las comisiones o personas que las llevan a cabo. Se trata de evitar lagunas (funciones sin cubrir) o una excesiva concentración de funciones en uno o varios miembros. O, por el contrario, una desmesurada dispersión de funciones de tal forma que no sea posible articularlas de una forma ágil y efectiva. Hay funciones en las que debe participar todo el equipo y otras en las que es suficiente con una persona o una comisión.

Cada comisión debe saber cuáles son exactamente sus funciones, y no debe existir ninguna función que no esté ligada a una persona o comisión. Cuando la función ha de realizarla el equipo entero, debe ligarse a la comisión de coordinación (u otra) para asegurar que se lleve a cabo.

C. Las relaciones estructurales entre las partes del equipo

Las relaciones estructurales incluyen tanto la transmisión de información como las instrucciones para la acción, entre las partes del equipo. Según los diferentes criterios, pueden ser:

— directas o indirectas

— unidireccionales o bidireccionales

— autónomas o dependientes

EQUIPO
DE TRABAJO

EQUIPO BASE Composición y funciones T. 4.1

Plantilla

Actividades					
Funciones					
Personas					
Comisión					

Directas o indirectas

En las relaciones directas la información y las instrucciones se reciben directamente desde la persona o comisión que la origina. En las indirectas han de pasar por otros puntos intermedios, como podría ser una información que se recibe desde la coordinación aunque haya sido originada en otra comisión. La transmisión indirecta de información o de instrucciones supone una pérdida en la precisión, pero con frecuencia es necesaria para agilizar las operaciones más cotidianas del equipo.

Unidireccionales o bidireccionales

Cuando las relaciones son unidireccionales, las instrucciones sólo van desde una parte a otra, de tal forma que unos mandan y otros obedecen, aunque la información fluye en doble sentido, pues unos explican lo que hay que hacer y otros dan cuenta de lo que han hecho. En un equipo de animación se pretende que las relaciones sean bidireccionales (o multidireccionales) tanto en la información como en la transmisión de instrucciones, al menos en aquellos asuntos de interés general.

Autónomas o dependientes

Relaciones dependientes son aquellas en las que cada parte ha de contar con las otras para llevar las tareas a cabo. En las autónomas no es necesario. A sabiendas de que en la práctica no existen estos dos extremos, conviene mantener el máximo de autonomía posible en aquellas tareas que son especializadas, siempre que esto no menoscabe el planteamiento general.

Combinando y simplificando estos criterios se pueden encontrar, en los extremos, dos tipos de estructura: la vertical y la horizontal; la primera coincide con la clásica cadena de mando; en la segunda, todos los componentes tienen el mismo rango en la toma de decisiones de su ámbito de actuación.

Son muchas las variables que influyen en la configuración de la estructura de un equipo, lo que no permite hablar de una estructura óptima, pues ésta dependerá de: el tipo y la complejidad de la tarea que lleva a cabo, el tamaño del equipo, el tiempo que lleva funcionando, el tiempo que requiere la tarea, la formación de los miembros para el trabajo en equipo, el grado de heterogeneidad, el grado de adhesión a los objetivos y al propio equipo, etc.

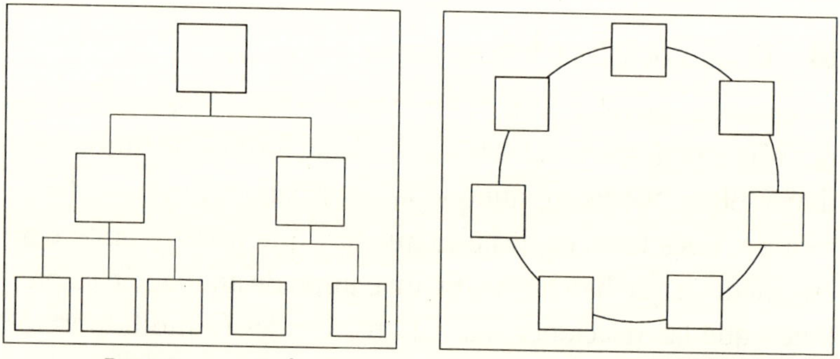

Estructura vertical — Estructura horizontal

Fig. 4.5 Estructuras

Así, por ejemplo, si un equipo tiene una heterogeneidad muy alta; puede resultar de interés mantener unos órganos muy autónomos y resolver la articulación del equipo con una buena coordinación. Si el equipo es muy grande, requerirá una estructura más compleja para que ésta sea funcional y se aproveche al máximo la aportación de cada miembro. Si la estructura es muy compleja y los miembros tienen poco entrenamiento en el trabajo en equipo, se fragmentará con facilidad.

2.3. La dinámica de un grupo de trabajo

Puede llegar a ser sumamente compleja, pero se presenta aquí simplificada en cuatro tipos de movimiento:

Una adecuada dinámica de un grupo de trabajo es la que integra la coordinación con la distribución de tareas; la planificación con la evaluación; de tal forma que se aprovecha al máximo el todo y cada una de las partes, se aprende de la propia acción y se diseña el trabajo. Una dinámica donde el tiempo y el esfuerzo que se dedica a cada movimiento es proporcionado, para evitar planificaciones complejas que no se usan, evaluaciones de las que no se aprende, coordinaciones tales que todos hacen todo o distribuciones en las que uno carga con todo.

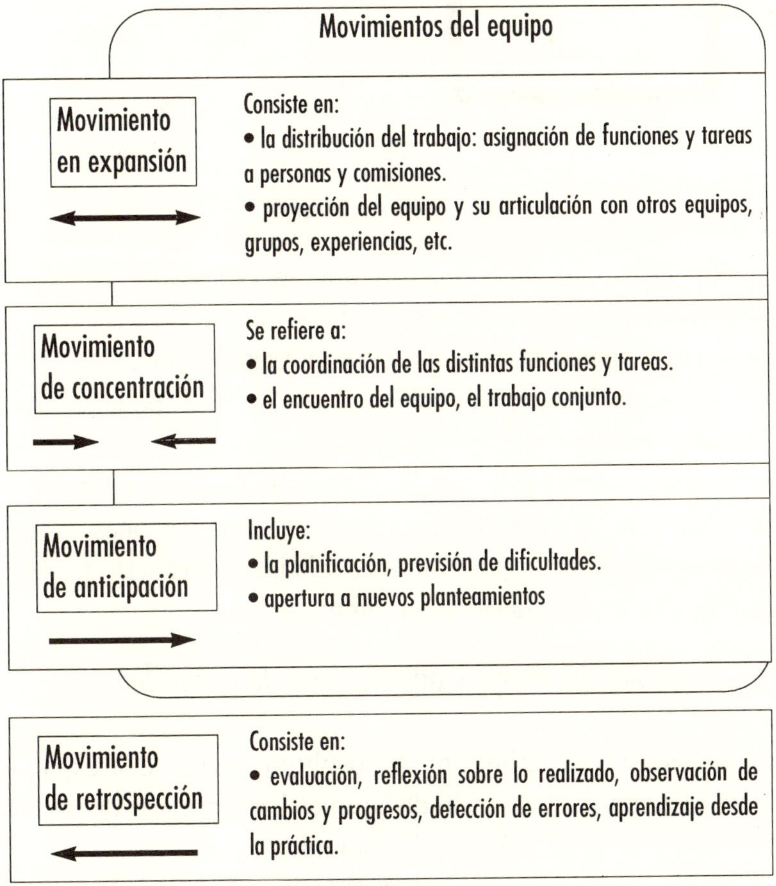

Fig. 4.6 Descripción de movimientos

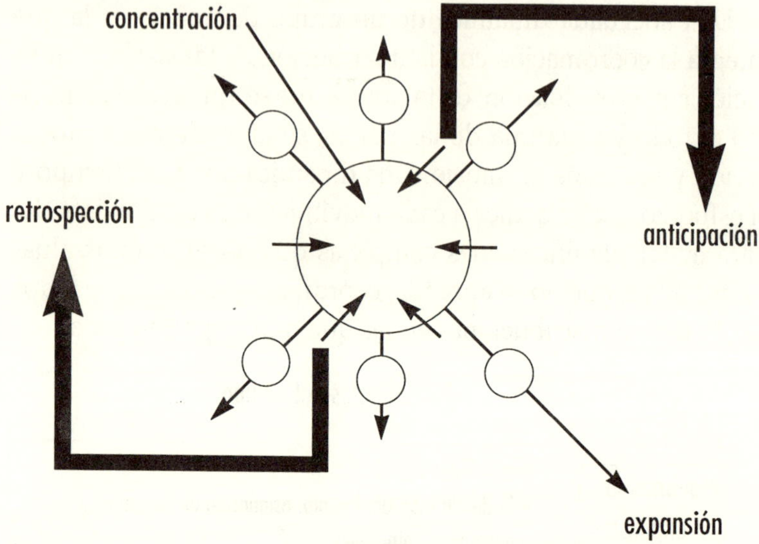

Fig. 4.7 Movimientos del equipo

Son cuatro los movimientos que se articulan sobre dos dimensiones básicas: en el espacio, la concentración y la expansión, en el tiempo la anticipación y la retrospección. Con una dinámica adecuada y sin saltos, el equipo se "apodera" del tiempo, controla el proceso, incorpora su pasado y lo hace operativo para diseñar el futuro. En el espacio el equipo distribuye la tarea, conecta y amplifica su acción a otras personas, otros lugares, evitando así el aislamiento y la insignificancia, incompatible con la intervención y el cambio social.

2.4. Expansión del equipo y articulación de la comunidad

Un proceso de animación sociocultural pretende la expansion, creación y articulación de equipos base, capaces de generar proyectos de interés para la comunidad.

La expansión del equipo base -a un mayor número de personas y a una mayor participación de las personas que lo componen- evita el enquistamiento de los equipos y le faculta para emprender proyectos de mayor alcance e interés social.

Los equipos que no son permeables a la incorporación de nuevos agentes pueden llegar a ser percibidos por la comunidad como algo ajeno a ella, un "grupo cerrado que anda liado con sus cosas". El propio equipo puede caer en el desánimo de ser "los cuatro de siempre". Sin embargo, la expansión del equipo es un proceso difícil y en ocasiones limitado por la disponibilidad de recursos humanos (las comunidades muy pequeñas tienen limitado, en este sentido, el proceso de crecimiento).

La expansión requiere la consideración de un proceso gradual de participación e incorporación: "Hoy me ayudas a pintar la casa, mañana la diseñaremos juntos."

Cuando las comunidades son numéricamente reducidas, el proceso de expansión se orienta por la interconexión con otros equipos de otros lugares, por plataformas de encuentro, formación de coordinadoras, federaciones, etc. En el capítulo relacionado con la intervención se tratará con más detalle.

El crecimiento abultado de un equipo ha de verse acompañado de un proceso de desdoblamiento y articulación de nuevos equipos, de tal forma que cada persona domine el medio social de trabajo (grupos pequeños) y el proyecto global a través de la interconexión de los equipos.

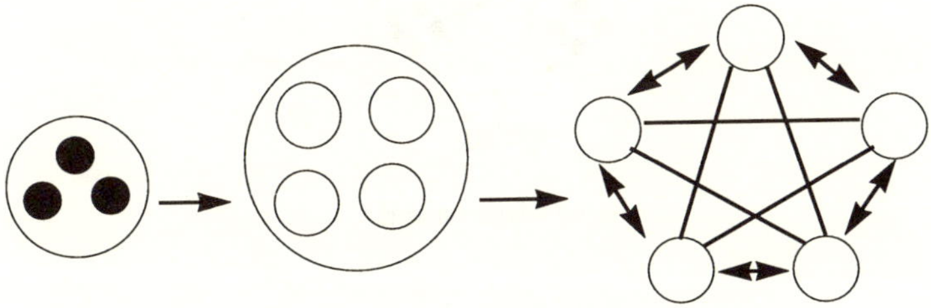

Fig. 4.8 Formación de equipos por desdoblamiento

La construcción de un tejido social con capacidad para generar proyectos globales o respuestas integradas requiere la conexión y articulación de los agentes activos, los núcleos sociales, los equipos base, las organizaciones y las instituciones.

Esta articulación puede darse dentro de los distintos ámbitos sociales (p. ej.: las diferentes organizaciones juveniles) entre algunos ámbitos (p. ej.: entre cultura y trabajo) o en la comunidad global. Avanzar en la articulación de los diferentes ámbitos en torno a intereses comunes es tarea de la animación sociocultural.

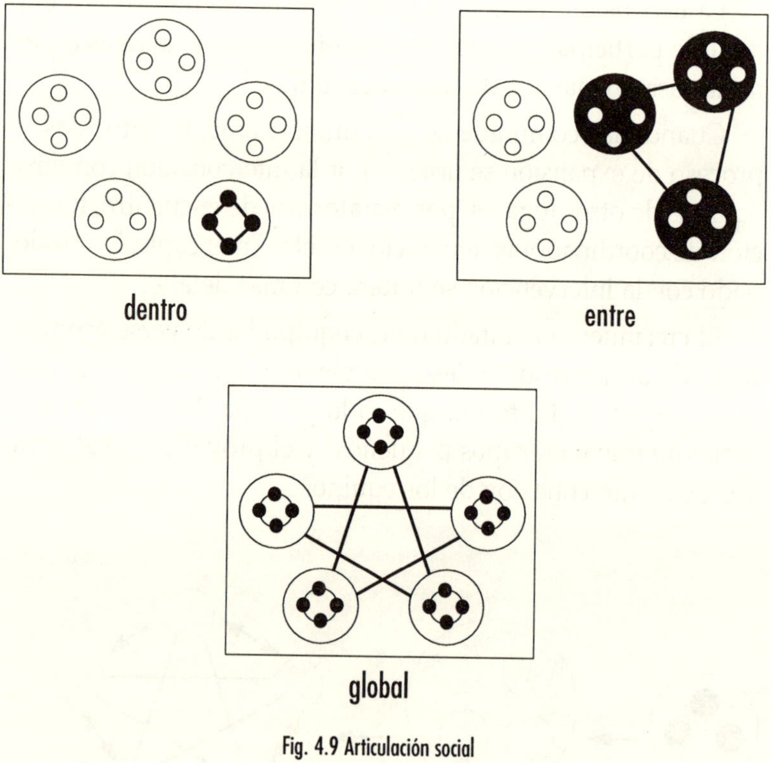

Fig. 4.9 Articulación social

La articulación de la comunidad puede hacerse de forma vertical, de tal forma que unos pocos deciden lo de muchos, o de forma horizontal donde los más deciden lo máximo posible y donde cada uno tiene el mayor espacio de actuación para decidir y realizar proyectos de interés social.

La articulación horizontal se va construyendo con contactos bilaterales, multilaterales, encuentros, plataformas, coordinadoras, federaciones, etc.

La interconexión entre los distintos colectivos y núcleos sociales tiene interés en cuanto que se enriquecen los proyectos de cada uno (valor de intercambio), y en cuanto se pueden emprender proyectos globales y de mayor alcance (valor de conjunto).

3. La conducta del equipo: la reunión

En el epígrafe anterior se ha descrito el equipo de trabajo como una estructura relativamente estable que realiza unas funciones y mantiene unas relaciones dentro y fuera del equipo. También se estudió la dinámica del equipo considerando sus movimientos. En el presente epígrafe se pretende considerar el equipo desde otro punto de vista: su conducta inmediata como grupo. Subyace a este enfoque el supuesto de que, al fin y al cabo, un equipo se reduce a los momentos en los que funciona como tal, es decir, cuando se reúne. Por tanto, se va a considerar la reunión como la unidad fundamental de la conducta de un equipo de trabajo. Este supuesto es justificable si se tiene en cuenta que, aunque el equipo sobrevive en el periodo de tiempo en el que no se reúne, lo cierto es que el diseño de lo que ocurre en ese periodo se realiza o comunica en una reunión o en varias.

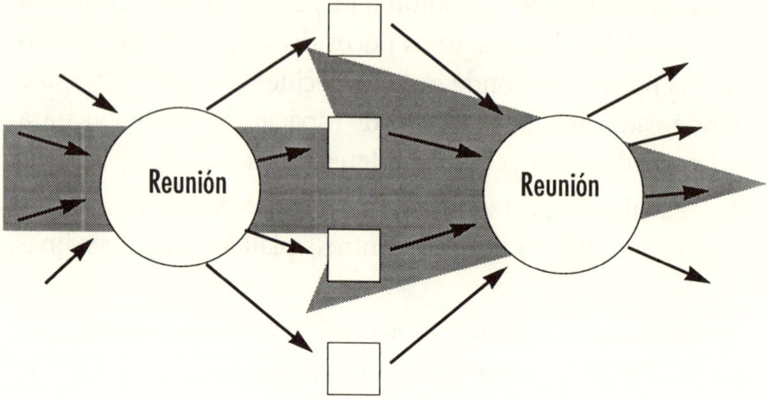

Fig. 4.10 Conducta del equipo

Así pues, resulta de suma importancia cuidar la calidad de los momentos en los que el equipo se reúne, ya que afectará en buena medida al trabajo que el equipo desempeña, a los proyectos que es capaz de poner en marcha y al trabajo individual de cada miembro del equipo.

Se considerarán a continuación algunos de los elementos que hay que tener en cuenta en una reunión y los distintos tipos de reunión en función del tipo de trabajo que el equipo desempeña en ese momento. Se presentan como una serie de pautas comunes, ya que en la práctica no existen dos reuniones exactamente iguales.

3.1. Elementos a tener en cuenta en una reunión

Agruparemos estos elementos en cuatro grupos:

A. Antes de la reunión

B. Encuadre

C. Condiciones

D. Desarrollo

A. Antes de la reunión

Antes de la reunión

- **convocatoria**
- **anticipación:** puntos a tratar
- **preparación:** trabajos que hay que realizar antes de la reunión

Fig. 4.11.1 Elementos de la reunión

• La convocatoria es una de las cuestiones previas que ha de cuidarse escrupulosamente. Con frecuencia se sigue la regla de que basta con comunicar (de cualquier forma) la existencia de la reunión para que a ésta se acuda. Con frecuencia también, se comprueba que dicha regla no funciona al constatar que de los quince avisados sólo han acudido tres. Esta regla se basa en el supuesto de que los potenciales asistentes a la reunión tienen la misma motivación hacia ella que la persona o personas que la convocan y esto, por lo general, no es cierto. Es conveniente, pues, comprobar que la comunicación se ha recibido y conocer si cada una de las personas convocadas acudirán o no a la convocatoria. Se evitan así muchas sorpresas desagradables y las conclusiones catastrofistas que habitualmente se extraen de determinados plantes. En ocasiones, será necesario motivar personalmente la asistencia y participación de las personas a la reunión, explicando el porqué es importante llevarla a cabo y el interés de que esa determinada persona asista.

• Es importante conocer previamente el guión de la reunión, pues enmarca el contenido principal y permite su preparación; enviar el guión con anterioridad predispone también a los convocantes a una puesta a punto de la reunión, cuidando los detalles de su preparación y evitando una improvisación excesiva.

• No siempre es posible llevar completamente preparada una reunión, pero sí muchas más veces de lo que habitualmente se hace. La preparación de una reunión por parte de los miembros que a ella asisten modifica sustancialmente el rendimiento que se pueda obtener. Hasta tal punto que, en numerosas ocasiones, resulta preferible reducir el número de reuniones y que las que se realicen estén cuidadosamente preparadas. La razón principal es que la mayoría de los temas no pueden ser improvisados ni desarrollados en el tiempo que dura una reunión y, si esto se hace, es a costa de disminuir considerablemente su calidad. Es necesario, por tanto, elaborar documentos previos y hacerlos llegar antes de que la reunión se lleve a efecto, recoger datos y desarrollar las opiniones y las nuevas aportaciones.

B. El encuadre

El encuadre es, quizá, uno de los factores más importantes para el buen desarrollo de una reunión. Se resuelve en el comienzo y en muy poco tiempo (10 minutos) pero es, sin embargo, sumamente valioso; equivale a la cuerda que se le da al reloj para que funcione el resto del día. Algunos elementos del encuadre varían en función del entrenamiento que tenga el grupo para el trabajo colectivo.

• La *motivación de la tarea* consiste en comunicar con suficiente fuerza y conencimiento qué es lo que se va a hacer, por qué se hace y para qué sirve. En el por qué puede recordarse cómo el grupo recientemente habló de la conveniencia de tratar determinado punto, la necesidad de tratar determinado aspecto ante tal deficiencia o cómo otros grupos se están planteando cosas parecidas. En el para qué puede aludirse a los efectos que se obtendrán si el grupo desarrolla ciertos temas, si toma posiciones ante esto y aquello o la importancia que tendrá en unos terceros que dependan de lo que el grupo haga, etc.

Encuadre

- **motivación de la tarea**
  - qué
  - por qué
  - para qué
- **procedimiento: instrucciones, normas**
  - lo que tiene que hacer cada uno en cada momento
  - formas de discusión y toma de decisiones
- **delimitación temporal**
  - duración
  - descansos
- **motivaciones genéricas**
  - clima de la reunión
  - necesidades de cada miembro y del grupo

Fig. 4.11.2 Elementos de la reunión

• Las cuestiones de *procedimiento: instrucciones y normas*. Se trata de que cada participante sepa lo que tiene que hacer en cada momento y cómo tiene que hacerlo, si tiene que informar, opinar, escuchar, ampliar, etc. Si la participación es espontánea, queda tras los primeros momentos, pidiendo la palabra o por otro procedimiento similar; esto es necesario especificarlo y, a ser posible, al principio, evitando así tiempos perdidos y confusiones inútiles. De la misma manera, es necesario aclarar cómo se van a tomar las decisiones y en qué momento, eliminando las discusiones sobre procedimientos frecuentes especialmente cuando hay conflicto, con lo cual se tienen dos conflictos: lo que se va a decidir y la forma de decidirlo.

• La *delimitación temporal* consiste en establecer el tiempo de duración de la reunión, así como las pausas y los tiempos aproximados dedicados a cada tema. Se evita así, que mientras uno ya está cerrando conclusiones otro exponga nuevos puntos de discusión sobre el mismo tema.

• Las *motivaciones genéricas* son mas difíciles de tratar por su amplitud y complejidad, pero al menos han de conocerse y tenerse en cuenta.

Unas se refieren al clima social de la reunión, procurando un ambiente agradable, con ciertos momentos de relax y humor, una flexibilidad que permita adaptarse al momento por el que pasa el grupo, un clima de acogida para las personas que son nuevas y evitando conflictos innecesarios con la ayuda del propio del grupo.

Las otras se refieren a las diferentes necesidades que cada miembro tiene respecto del grupo y de la reunión. La clave consiste en procurar que la satisfacción de las necesidades individuales sea compatible con los objetivos del grupo y de la tarea. No siempre se pueden safisfacer todas, pero sí procurar que cada miembro se sienta relevante y significativo, que tenga su propio espacio social.

C. Condiciones

• Las características del grupo pueden variarse en función del tipo de reunión que se pretende; en los casos en los que no puedan variarse, hay que tenerlas en cuenta para el diseño de la reunión.

El tamaño del grupo es, por ejemplo, una cuestión determinante; sin embargo, no se suele tener en cuenta con la frecuencia que sería deseable. El tamaño determina el tipo de participación: a mayor número de personas menor será la participación relativa de los asistentes, de tal forma que ésta tenderá a concentrarse en los que habitualmente hablan más y tenderá a anularse en los intermedios o en los de baja participación. El tamaño determina el tipo de tarea a la que el grupo tiene acceso; tareas simples o informativas pueden llevarse a cabo con un número amplio de personas, pero aquellas que requieren un desarrollo complejo necesitan ser resueltas con un número significativamente menor.

Condiciones

- **Características del grupo**
  - tamaño del grupo en relación con:
    . participación
    . complejidad de la tarea
    . rendimiento
  - composición
  - entrenamiento
- **disposición ambiental**
  - organización del espacio
  - luz, audición, humos, interferencias, etc.
- **soportes técnicos**
  - pizarra, veleda, murales
  - papeles, documentos
  - aparatos

Fig. 4.11.3 Elementos de la reunión

Lo mismo ocurre con la composición del grupo; un grupo muy heterogéneo permite una mayor amplitud en las respuestas a cada situación, pero está menos capacitado que los grupos más homogéneos para hacer desarrollos más especializados.

El entrenamiento del grupo para el trabajo colectivo es un factor fundamental a la hora de diseñar reuniones. Aquellos grupos que están más entrenados necesitan explicitar en menor medida la normativa de funcionamiento, pues se supone que ya está asumida por cada uno de los miembros y existe un hábito de trabajo que hace innecesario tomar determinado tipo de medidas, permitiendo una flexibilidad de funcionamiento. Los grupos nuevos o en formación son una buena oportunidad para establecer los hábitos de trabajo en grupo desde el principio, para lo cual es necesario establecer con claridad e insistencia todas las pautas de funcionamiento. Los grupos viejos pero mal habituados son los más reacios a incorporar fórmulas ágiles y técnicas de funcionamiento; especialmente si son introducidos por un miembro conocido del grupo, habrá que recurrir a cursos de reciclaje o a la incorporación de nuevos elementos con capacidad de cambiar los hábitos deficientemente establecidos.

- La disposición ambiental: es conocido que el lugar físico debe adaptarse a las condiciones del grupo; una sala grande, fría y destartalada para un grupo pequeño, es un factor de desmotivación a la tarea. Cuando la disponibilidad de locales a medida no es posible, al menos se pueden hacer determinados aderezos que lo hagan más agradable: un biombo, unas plantas en la ventana y un par de papeleras pueden ser suficientes.

Sillas y mesas han de estar dispuestas acorde con la tarea que se va a realizar: en círculo, rectángulo, en U o en filas. Las primeras para debates, trabajo en grupo pequeño o puestas en común; la U para cuando se usa pizarra u otro estímulo visual y las filas sólo para informaciones a un grupo grande o proyecciones. En cualquier caso, es recomendable cambiar la disposición de las sillas y mesas tantas veces como sea necesario; es siempre preferible a disposiciones aberrantes, como hacer un debate o reunirse en grupos de cinco según marcan las filas de un salón.

La luz, audición, atmósfera, etc., han de cuidarse igualmente siempre que esto sea posible. Evitar interferencias tales como: teléfono, gente que entra y sale, martillazos en la sala de al lado y todo aquello que pueda abarcar el sentido común.

Los soportes técnicos pueden llegar a ser muy simples; al menos no debe faltar una pizarra, veleda o, en su defecto, papel continuo donde escribir ideas y mostrar esquemas al resto del grupo; no debe faltar papel y bolígrafo. A partir de aquí puede sofisticarse todo cuanto se quiera y se pueda (proyector de diapositivas, retroproyector, equipo de sonido, vídeo, fotocopiadora, fax, proyector de pantalla de ordenador, etc.).

En lo posible hay que facilitar documentos, fichas de trabajo, esquemas previos y todo aquello que facilite la comprensión de la tarea, mejore el rendimiento y que focalice la atención hacia lo que se está tratando.

algo más sobre: la pizarra veleda, paneles

- permite contemplar varias ideas a la vez, cuestión que no abarca la mera exposición oral.
- distancia las ideas de las personas que las han emitido (la gente mira a la pizarra, no a la persona que la emitió), lo que permite un tratamiento más objetivo de las mismas.
- focaliza la atención, facilita la comprensión y favorece la retención.
- recopila la pequeña historia del grupo al respecto de lo que se está tratando, combate el olvido y permite volver a lo importante, aunque se haya comentado hace un cierto tiempo.

Fig. 4.12 Pizarra, veleda, paneles

D. Desarrollo

• La secuencia temática se establece a traves del guión, que indica: los temas a tratarse, su número (y por tanto recuerda que no disponemos de todo el tiempo del mundo para cada tema) y el orden en que se van a tratar. El tiempo dedicado a cada tema debe ser proporcional a su complejidad e importancia y no al revés, como ocurre con cierta frecuencia. Puede comenzarse por un tema suave o meramente informativo, alguna síntesis o recordatorio de asuntos anteriores; luego entrar con dos fuertes y volver a bajar la intensidad hacia el final, procurando, sin embargo, atar cabos, acordar o recordar responsabilidades y establecer la forma de seguimiento y continuación de las cuestiones establecidas durante la reunión.

La secuencia metodológica de cada tema estará en función del tipo de tarea; no es lo mismo un momento informativo, que uno de coordinación o de resolución de problemas, un momento creativo o un momento especulativo. Aunque nos detendremos en cada uno de estos momentos más adelante, conviene resaltar como elemento común la tendencia de lo analítico a lo sintético, de la apertura al cierre. Si al comienzo de cada cuestión es posible traer datos, descubrir nuevos problemas, hacer desarrollos incompletos, formular hipótesis provisionales, al final es momento de desechar posibilidades, seleccionar, sintetizar, completar, cerrar (a costa de no emprender nuevos desarrollos, por el momento).

Desarrollo

- **Secuencia**

- temática, el guión como regulador y legitimador
- lógica

análisis y síntesis

apertura y cierre

secuencia de resolución de problemas

- **Estructura de participación**

- dividir y reunir
- espontánea, normativa

- **Roles funcionales**

coordinador, moderador, secretaría

Fig. 4.11.4 Elementos de la reunión

- La *estructura de participación*. En función del número de personas y del tipo de tarea, puede convenir una estructura u otra. Nos limitaremos a dos elementos que definen la estructura de participación: la división y reunión o puesta en común y la participación normativizada o espontánea.

Existen, al menos, dos datos empíricos que hacen considerar necesaria la división del grupo durante la reunión. El primero plantea que a mayor número de personas menor es la participación posible de cada uno de los miembros.

Existen ocasiones en las que la participación del mayor número de personas es uno de los objetivos de la reunión y, además, hay un número alto de ellas: se hace imprescindible dividir el grupo en pequeños subgrupos cuantas veces sea necesario. El segundo dato indica que la mayor parte de los desarrollos complejos no es posible llevarlos a cabo con un número superior a tres o cuatro personas; de nuevo se hace imprescindible la división del grupo.

Sin embargo, esta operación tiene sus desventajas, pues elimina la posibilidad de conocer simultáneamente la información y desarrollos de los subgrupos en los que uno no se encuentra, así como disminuye la sensación de pertenencia al todo que en ocasiones resulta tan necesaria. La puesta en común o reunión global subsana parte de estos inconvenientes.

La división y reunión del grupo de trabajo puede utilizarse varias veces a lo largo de la reunión, práctica que ya no es tan frecuente y que, sin embargo, permite al grupo una mayor agilidad y rendimiento.

La participación espontánea ofrece la posibilidad teórica de que cada uno de los miembros del grupo se exprese como quiera y cuando quiera. Esto es menos cierto en la práctica; a medida que el grupo es más numeroso, la participación tiende a concentrarse en un núcleo cada vez menor de personas que, a su vez, ocupan la mayor parte del tiempo. Cuando la participación es prioritaria (y en los procesos de animación sociocultural esto es frecuente), se hace necesario establecer una cierta normativa que facilite un reparto del tiempo más igualitario. Para ello pueden establecerse rondas, tiempos cortos de intervención, cuestiones a responder por todos los miembros, etc.

- Los *roles funcionales*: constituyen un elemento clave en el desarrollo de las reuniones de trabajo.

El coordinador se encarga de que el desarrollo de la reunión se encamine a los objetivos perseguidos por ésta, introduce y centra los temas, consensua las normas, preocupándose por su seguimiento y sugiere salidas a los imprevistos.

El moderador, por otra parte, trata de facilitar y regular la participación, así como de canalizar las incompatibilidades entre intereses de los miembros. Ambas funciones pueden ser resueltas por una misma persona, especialmente si el grupo no es muy amplio.

EL EQUIPO DE TRABAJO

El cuchicheo — T. 4.2

- **finalidad**

  -Facilitar la participación de la práctica totalidad de los asistentes.

  -Proporcionar una entrada múltiple a un tema.

- **desarrollo**

  1. Se plantea un tema o pregunta.
  2. El grupo se divide en grupos de dos, sin necesidad de levantarse; cada uno comenta con el de al lado.
  3. Puesta en común. Uno de cada dos expone un resumen de lo tratado por ellos.

- **observaciones**

  -No es una reunión propiamente dicha, sino un elemento a incorporar en una reunión en un momento dado.

  -Permite obtener opiniones y sondeos en un breve espacio de tiempo.

  -Favorece la implicación de todos los asistentes, pues requiere una participación activa inmediata.

  -Es especialmente útil para iniciar temas y para recuperar el protagonismo del grupo después de una larga entrega.

El secretario representa la memoria viva del grupo. Aunque habitualmente no es más que un figura burocrática y mecánica, conviene resaltar su papel, pues puede hacer que el grupo avance con más rapidez y calidad. Puede facilitar síntesis en la misma reunión, evitando así muchas redundancias en las que un grupo cae cuando no recopila y hace viva su corta o larga historia. De su trabajo dependerá una buena parte de lo que el grupo sea capaz de aprovecharse de sí mismo a lo largo del tiempo y durante la misma reunión. Un grupo que no registra su historia, vive en la permanente prehistoria, sólo es capaz de acumular lo que es capaz de recordar (que es bien poco). Del secretario depende no sólo el registro, sino la capacidad de recuperar datos antiguos siempre que esto sea preciso.

3.2. Los tipos de interacción

Se entiende por *interacción* el intercambio conductual entre dos personas o entre una persona y el grupo o parte del grupo. Vamos a considerar la interacción como la unidad de conducta del grupo dentro de la reunión.

Existen numerosos criterios para clasificar las diferentes formas de interacción; escogeremos uno de ellos que resulta especialmente relevante, para comprender la conducta de un grupo en situación de resolución de tareas. Este criterio refleja el recorrido que lleva a cabo la interacción para la producción de contenidos (Ver fig. 4.13).

Los diferentes tipos de interacción conllevan también un rendimiento diferente. En el caso de la interacción nula y psicótica el avance es inexistente y genera actitudes contrarias a la producción en equipo. La oposición sistemática y la divergencia, denominadas como búsqueda reactiva, proporcionan avance dialéctico pero éste es lento y costoso; pueden ser útiles para afinar y ajustar cuando las diferentes alternativas ya están dadas, resultan menos útiles para generar nuevas alternativas.

La convergencia facilita el camino a la síntesis y el consenso. La adición es muy rápida para aperturas de temas y proporcionar abanicos de diferentes alternativas, aprovecha al máximo las posibilidades del grupo para acotar y completar los diferentes aspectos de una cuestión. La multiplicación facilita la creatividad colectiva y extrae del grupo lo que cada miembro por separado no tendría posibilidad de hacer. Tanto la adición como la multiplicación son denominadas como búsqueda proactiva, pues responden a la intervención de una persona con nuevas aportaciones, en lugar de oposiciones o negaciones como en el caso de la búsqueda reactiva.

Las diferentes técnicas conocidas para los grupos de producción facilitan un tipo u otro de interacción: la tertulia y el grupo de discusión favorecen la oposición sistemática y la divergencia; la intervención de un moderador puede facilitar la convergencia; la técnica del cuchicheo, las ruedas de palabra y el Philips 66 sitúan con facilidad al grupo en la adición; la tormenta de ideas y las técnicas de creatividad favorecen tanto la adición como la multiplicación.

Tipos de interacción

Nula 	No existe intercambio ninguno. Una persona o una parte del grupo permanece ajena a lo que en la reunión sucede.
Psicótica 	Comúnmente denominada como "diálogo de besugos", se caracteriza por las redundancias, contenidos dogmáticos y la imposibilidad de incorporar nada de lo que la otra parte dice.

Oposición sistemática 	Es un tipo de interacción muy frecuente, cada intervención se monta sobre la oposición total o parcial de la anterior, convirtiendo la reunión en un auténtico partido de ping-pong.
Divergencia 	Es una versión suavizada de la anterior, a medida que se avanza, las posiciones se van distanciando.
Convergencia 	Aun cuando el punto de partida es discrepante, las posiciones se van acercando conforme avanza el diálogo.
Adición 	Son aportaciones que se suman unas a otras, ampliando o complementando informaciones y soluciones a la tarea propuesta.
Multiplicación 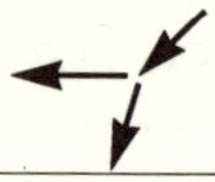	Son aquellas interacciones fruto de las cuales se obtienen respuestas y soluciones que no habrían sido posibles sin mediar la interacción.

Fig. 4.13 Tipos de interacción

3.3 Los tipos de reunión

La amplia variedad de tareas con los que puede enfrentarse un grupo de trabajo, hace pensar que no es posible mantener un mismo tipo de metodología para realizarlas. Por el contrario, a cada tarea le ha de corresponder un diseño metodológico distinto. No es nuestra intención, ni entra dentro de nuestras posibilidades, realizar una descripción detallada de cada uno de los modelos realizables. Nos contentaremos con señalar algunos de los más habituales, teniendo en cuenta que en la práctica no existen modelos puros.

—Tres modelos de reunión simple:

- de información
- de generación de ideas
- tertulia libre

Reunión de información	
Momento	Tarea
1	• encuadre
2	• exposición de información
3	• demanda de nueva información o aclaraciones
4	• comprobación o *feed-back*

Fig. 4.14.1 Tipos de reunión

Generación de ideas	
Momento	Tarea
1	• encuadre
2	• delimitación de campo/tema
3	• generación de ideas sin valoraciones
4	• nuevas ideas a partir de las anteriores
5	• selección y ordenamiento

Fig. 4.14.2 Tipos de reunión

Tertulia libre	
Momento	Tarea
1	• encuadre y presentación del tema
2	• aportaciones libres
3	• síntesis

Fig. 4.14.3 Tipos de reunión

La diferencia principal radica en que, mientras en la reunión de información y la de generación de ideas se excluye la valoración, en la tertulia libre ésta aparece mezclada con la producción de ideas y es, además, uno de los motores de la dinámica de la reunión. En la primera el énfasis se pone en la precisión de la información y es por lo que se piden aclaraciones y se comprueba la recepción correcta de la misma, mientras que, en la segunda el acento se pone en la cantidad y la diversidad de ideas.

—Dos modelos de reunión compuesta:

- de coordinación
- resolución de problemas

Reunión de coordinación

Momento	Tarea
1	• encuadre-introducción
2	• cada uno da su información
3	• cualquier miembro o el coordinador demanda más información o aclaraciones y respuesta a las mismas si es posible
4	• algunos o todo elgrupo hacen aportaciones útiles a cada informante
5	• intercambios y ajustes, bilaterales y multilaterales
6	• incorporación de la información a la tarea, responsabilidad o función de cada uno

Fig. 4.14.4 Tipos de reunión

Resolución de problemas

Momento	Tarea
1	• encuadre
2	• delimitación del problema a resolver
3	• recopilación de información
4	• generación de soluciones y alternativas
5	• desarrollo, ajuste y valoración
6	• selección y elección (toma de decisiones)
7	• preparar su puesta en acción

Fig. 4.14.5 Tipos de reunión

Ambas incorporan momentos de las anteriores. La coordinación incluye la información multilateral, la resolución de problemas incorpora tanto la información como la generación de ideas y su valoración.

En todas ellas resulta de especial importancia la estructura de participación, en función del número de personas que asiste a la reunión.

En resumen

El equipo de trabajo multiplica las posibilidades de acción social y tiene acceso a proyectos de mayor alcance que las personas que trabajan aisladamente.

En un proceso de animación sociocultural resulta de sumo interés la formación de equipos base, capaces de analizar la realidad, planificar, coordinarse, realizar las acciones, reflexionar sobre la práctica, abrirse a nuevos planteamientos y conectar con otras personas y equipos.

Un equipo define su estructura por las partes en que se compone, las funciones que lleva a cabo y las relaciones funcionales que entre las partes se establecen. Las partes (cargos o comisiones) de un equipo pueden ser unipersonales o pluripersonales, permanentes o *ad hoc*, abiertas o cerradas, autónomas o dependientes y longitudinales o transversales. Las relaciones funcionales pueden ser directas o indirectas, unidireccionales o bidireccionales y autónomas o dependientes. Resulta de especial importancia conocer de forma clara qué partes tiene el equipo, quiénes las componen y cuáles son sus funciones.

Una adecuada dinámica de un grupo de trabajo es la que integra la coordinación con la distribución de tareas, la planificación con la evaluación. De tal forma que se han de aprovechar al máximo el todo y cada una de las partes, el aprendizaje de la acción y la capacidad para el diseño del trabajo posterior.

El equipo se articula con otros equipos, núcleos sociales y organizaciones, formando así un tejido social con capacidad de emprender proyectos globales y dar respuestas unitarias.

El equipo de trabajo mejora su rendimiento cuando plantea adecuadamente los momentos en los que funciona como tal, es decir, cuando se reúne.

En una reunión es necesario tener en cuenta su preparación y convocatoria, los elementos de encuadre (motivación de la tarea, procedimiento, tiempo y otras motivaciones), las condiciones (las características del grupo, el lugar y los soportes técnicos) y el diseño de desarrollo (secuencia, estructura de participación y los roles funcionales).

Las diferentes formas de interaccionar sitúan al grupo en diferentes rendimientos; existen técnicas y planteamientos que permiten favorecer uno u otro tipo de interacción en función del objetivo que se persiga.

Según se pretenda en una reunión informar, coordinar, resolver problemas, generar ideas o charlar, ha de plantearse la reunión de forma diferente.

Capítulo V
La organización de los recursos materiales y económicos

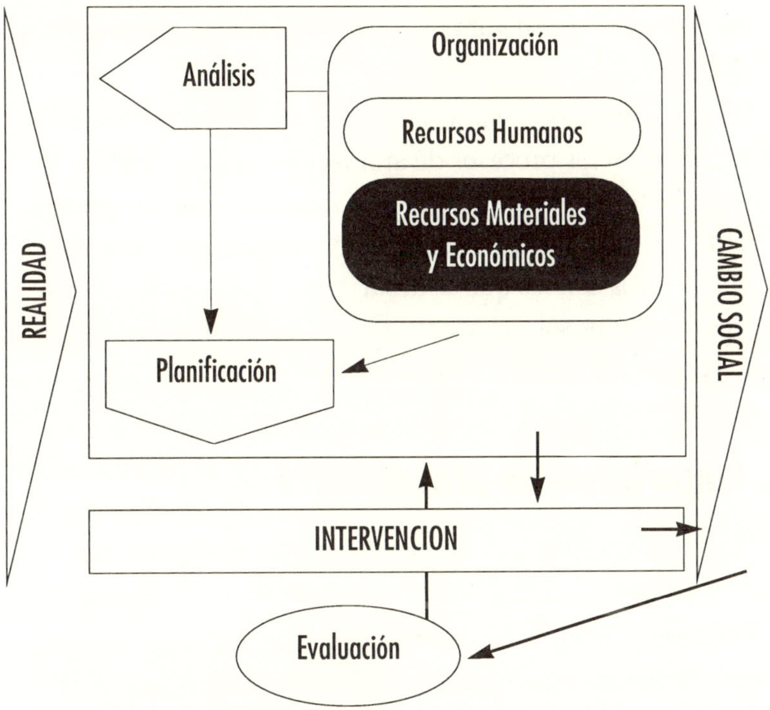

En este capítulo vas a encontrar:

- Una enumeración de los aspectos más importantes al tener en cuenta los recursos económicos y materiales.
- Ideas sobre cómo realizar un presupuesto.
- Enumeración de las diferentes formas de financiación.
- Criterios a tener en cuenta en la organización de espacios y recursos materiales.

1. Introducción

Para la realización de planes, programas o proyectos, no sólo se debe tener en cuenta la organización de los recursos humanos, sino también la de los financieros y materiales. Además de las personas que ejecutan los planes, se necesita también una infraestructura material y económica que permita realizarlos.

En este capítulo se va a hablar de los tres aspectos más importantes en los procesos de animación sociocultural, en lo que a recursos económicos y materiales se refiere: los presupuestos, los sistemas de financiación y los espacios físicos y equipamientos con los que se desarrollan dichos procesos. En los tres apartados sólo se expondrán, no obstante, ideas claves sobre las que actuar; sería preciso profundizar en ellas, pero eso es ya materia de otro texto.

2. Cómo hacer un presupuesto

Un presupuesto es, en definitiva, la elaboración de planes para un periodo futuro, determinado en términos económicos.

Lógicamente, los presupuestos deben basarse en planificaciones, ya que, de esta manera, se asegura la asignación de fondos de una manera inteligente y sobre las necesidades reales para el logro de los objetivos propuestos. Al hacer presupuestos con una planificación sólida previa, se ponen las condiciones para obtener la rentabilidad deseada, y para evitar suspender o modificar una intervención por no haber previsto los recursos necesarios.

Los presupuestos determinan estos recursos necesarios, y son un medio de control para plantear las necesidades y posibilidades en términos económicos y de rentabilidad.

2.1. Riesgos de los presupuestos

La utilización de presupuestos conlleva una serie de riesgos que hay que evitar, para que la técnica de presupuestación sea algo util y provechoso en la consecución de las metas propuestas. Se puede hablar de los siguientes peligros[1]:

• Realizar presupuestos tan completos y detallados que, a base de detallar gastos insignificantes, se vuelvan engorrosos, irracionales, e innecesariamente costosos.

Al fin y al cabo, los presupuestos deben ser una herramienta para una mejor planificación y un control óptimo, no un fin en sí mismo.

• Llegar a una situación en la que las metas presupuestarias resulten más importantes que las metas del programa o de la empresa o colectivo.

Existen situaciones en las que, por mantenerse dentro de los límites del presupuesto realizado inicialmente, se olvidan los objetivos para los que ha sido realizado.

• Utilizar los presupuestos para ocultar ineficiencias. En muchas empresas o Instituciones Públicas los presupuestos de cada año se hacen en función de lo que se ha realizado y gastado anteriormente. Así, el hecho de que se haya realizado un gasto en el pasado, se convierte por sí mismo en la justificación de su existencia presente. Por otro lado, es frecuente que se "hinchen" los presupuestos, previendo los posibles recortes.

• Hacer presupuestos inflexibles, pensando que estos son definitivos. Muchas veces el que no se haya gastado todo el dinero de una partida y se necesiten más fondos para un concepto que pertenece a otra, que ya está gastada, suele ser un drama. A veces, los presupuestos dependientes de la

1 Del libro KOONTZ, H. y O'DONNELL, C., *Administración*, Mc Graw Hill, México, 1984.

Administración Pública no permiten una mayor flexibilidad, aunque hay que intentar conseguirla al máximo (ésta es una de las razones por las que, desde la propia Administración Pública, se crean Patronatos Municipales, Institutos, Fundaciones... o se funciona a base de subvenciones a entidades que se encargan, no sólo de llevar a cabo programas, sino de la gestión económica directa de los mismos).

2.2. Criterios a tener en cuenta en un presupuesto

En general, hay que intentar hacer presupuestos con un alto grado de *flexibilidad.* La flexibilidad en la presupuestación es consistente con la eficiencia, y es la base de una buena planificación.

Otra cuestión importante a tener en cuenta es la de recordar que *no sólo hay gastos* (muchas veces, por la fuerza de la costumbre de la petición de fondos o subvención de turno, se elaboran presupuestos en los que sólo figuran los gastos), sino que también hay que reflejar los ingresos, que pueden venir por varias fuentes.

Ligado a esto último surge la necesidad de prever el *cash-flow* ("flujo de caja" en castellano, aunque se suele utilizar el término original en inglés) o disponibilidad de efectivo en cada momento. Si no hacemos una previsión adecuada, es posible que no se pueda realizar alguna actividad por falta de dinero efectivo en un momento determinado.

En la técnica 5.1 se ofrece un resumen de los elementos, conceptos o partidas a contemplar en un presupuesto.

COMO HACER UN PRESUPUESTO

Elementos a tener en cuenta T. 5-1.1

En cuanto a los GASTOS

• Personal

Todo gasto referido a toda persona que participa en el programa de forma remunerada. Se debe especificar el tipo de personal, desde los coordinadores o personal del equipo base hasta el profesor que interviene en una de las actividades de formación, y el tipo de contrato y remuneración, desde contrato laboral a tiempo completo, en los que hay que especificar los gastos de seguridad social, dietas, etc., hasta la remuneración por número de horas de las colaboraciones específicas.

• Material

Hay que referirse tanto al material necesario para la actividad normal del programa (material de oficina, por ejemplo) como a los materiales específicos de cada una de las actividades.

Hay que distinguir entre:

- Material inventariable: es el material que no se gasta y dura para más de una actividad. Las inversiones en equipo también pertenecen a este concepto. Ejs: fotocopiadora, ordenador, grabadora, emisora de radio, proyector de diapositivas, etc.

- Material fungible: material que se gasta y hay que reponer periódicamente o dura sólo para la actividad para la que se necesita. Ejs: bolígrafos, papel de ordenador, cartulinas, etc.

- Alquiler de material: para algunas actividades va a interesar más no hacer inversión en material, sino alquilarlo cada vez que nos haga falta. Ejs: Bicicletas, piraguas, equipo de vídeo, etc.

COMO HACER UN PRESUPUESTO

Elementos a tener en cuenta T. 5-1.2

• Transporte

Son los gastos referidos al transporte, tanto de desplazamientos necesarios para el equipo base como de los que requieran las actividades propuestas. Pueden ir desde la contratación de un autocar, hasta los billetes de tren o avión o la suma de kilómetros hechos para pagar la gasolina del coche.

• Local y alojamiento

Son todos los gastos referidos a los locales y espacios en donde se realizan las actividades, así como los derivados de las necesidades de alojamiento en viajes (si no están contemplados en dietas), etc.

Hay que incluir los gastos fijos de los locales, si es que se pagan desde el programa, como son alquiler, luz, agua, electricidad, teléfono, etc.

• Imprevistos

Siempre hay que contar con una pequeña cantidad de dinero presupuestado para lo que pueda surgir de imprevisto y no esté contemplado en el presupuesto. Cuanto mejor esté hecho el presupuesto, menos necesaria será la cantidad de imprevistos. Como regla general no se debe poner nunca más del 10% del total del presupuesto, siendo lo normal un 5% o menos.

COMO HACER UN PRESUPUESTO

Elementos a tener en cuenta

T. 5-1.3

En cuanto a los INGRESOS

- **Subvenciones o recursos ajenos**

Son los ingresos totales recibidos de subvenciones o patrocinadores. Este dinero habrá que justificarlo luego en gastos por los que nos lo hayan subvencionado (por ej., si el Instituto de la Mujer nos da tres millones para la realización de actividades de promoción de la mujer habrá que demostrar que ese dinero se ha empleado en ese tipo de actividades y no en otras).

- **Financiación propia**

Son los ingresos producidos a través de actividades que realiza el propio colectivo o entidad que lleva el programa a cabo. Si es un programa que lleva a cabo no una entidad de tipo privado sino la Administración Pública, tendrá un presupuesto asignado y si el programa tiene ingresos propios, no revertirá directamente en el mismo.

La financiación propia puede ir desde las cuotas de socios, hasta el dinero ingresado en la fiesta del barrio.

- **Otras fuentes no directas**

Puede que en lugar de una subvención directa, se consigan ayudas "en especie", que van desde la ayuda de personal durante tres o seis meses (ejs: Planes Regionales de Empleo, Convenios, etc.), hasta la donación de equipo (ejs: la Kodak nos puede donar el material fotográfico, o el Ministerio de Cultura regalar un lote de libros para la biblioteca).

2.3. Tipos y formas de presupuestación

Existen diversos tipos de presupuestos, clasificables en estos cuatro grupos básicos:

• *Presupuestos de ingresos y gastos:* son los presupuestos más comunes y los más útiles para la ejecución de programas de animación sociocultural. Normalmente se organizan por partidas o conceptos, y detallan la previsión de gastos y la de ingresos. En la Técnica 5.1 ya se desarrolla una manera de organizar esos conceptos o partidas.

• *Presupuestos de tiempo, espacio, materiales y productos:* consiste en expresar el presupuesto en términos físicos, en lugar de monetarios. Pueden tener mayor significación en algunas situaciones o algunas etapas de la planificación. Facilitan el primer tipo de presupuestos, permitiendo hacer estimaciones cuando no se conoce el monto total. Algunos ejemplos pueden ser el cálculo de horas de sesión de un curso, el número de horas de mano de obra, el número de unidades de artesanía que produce un colectivo o la cantidad de metros cuadrados que necesita un local.

• *Presupuestos de gastos de capital:* son presupuestos elaborados para la inversión en equipos (por ejemplo, unos ordenadores para la cooperativa). Dado que este tipo de inversión, por lo general, requiere un periodo de recuperación prolongado para la amortización de los gastos, la realización de presupuestos debe ir a la par que las planificaciones a largo plazo. En definitiva, es una manera de prever cuánto se va a invertir en equipo, y cómo se van a amortizar esas inversiones (ej: si se piensa comprar una fotocopiadora para la asociación, habrá que prever si es rentable o no, cómo y con qué dinero se va a pagar y en cuánto tiempo se amortizará).

• *Presupuestos de efectivo:* son un pronóstico de los ingresos y gastos de efectivo para medir su comportamiento real. Esta es la manera de controlar la disponibilidad de efectivo. Esto tiene relación directa con lo que se ha venido a llamar *cash-flow* y que, como ya se ha mencionado, expresa la magnitud contable que resulta de sumar beneficios y amortizaciones o, en otras palabras, el equilibrio entre gastos e ingresos en efectivo, en un momento dado. El *cash-flow* es positivo cuando las amortizaciones resultan superiores a las pérdidas. El presupuesto de efectivo ayuda a controlar el dinero disponible en cada momento, y a conocer el exceso de efectivo, lo que hace posible planificar la inversión de sobrantes.

• *Presupuestos de balances generales:* en estos presupuestos se pronostica el estado de los activos (el dinero que tenemos, aunque no esté disponible) y de los pasivos (lo que tenemos disponible, pero está comprometido). Los *activos* pueden ser inversiones en capital fijo, en otras formas de inmovilizado, *stocks*, todo tipo de derechos, caja y bancos y activos financieros. Los *pasivos* son las partidas de capital de la empresa o entidad, las reservas, el beneficio pendiente de distribución y las demás obligaciones frente a terceros. En definitiva, son los presupuestos que permiten controlar el estado o balance general de las cuentas. Los presupuestos completos de balances generales son una forma de resúmenes de presupuestos.

Además de estos distintos tipos de presupuestos, también existe lo que se denominan diferentes formas de presupuestación, es decir, diferentes enfoques para la elaboración de presupuestos. Estas formas de presupuestación no son excluyentes entre sí. He aquí algunas de ellas:

• *Presupuestación con base cero:* es una forma de presupuestación en la que se exige que en cada caso se justifiquen la totalidad de las necesidades presupuestarias partiendo de cero. Por ejemplo, si se realiza un presupuesto de una actividad de una asociación, se incluye todo lo necesario para la realización de la misma; aunque haya material que ya se tiene comprado y disponible de otra actividad, también se incluye si éste se va a necesitar; también habra que incluir la parte proporcional de los gastos fijos del local, etc. Asimismo, la filosofía de este tipo de presupuestación incluye el que debe explicarse por qué se solicitan las sumas previstas, argumentándose su rentabilidad. Este tipo de presupuesto prentende combatir la inercia de la extrapolación del gasto de un año al siguiente por el mero incremento en un determinado porcentaje, sin tener en cuenta la evolución real de los costes, la rentabilidad real de las actividades, etc.

• *Presupuestación por programas:* éste es el tipo de presupuestación que normalmente se utiliza en algunas instituciones públicas. Nace como una alternativa a los métodos tradicionales de las empresas. Consiste en el desglose del presupuesto general en áreas o programas determinados, integradas a su vez por proyectos concretos. En definitiva, es un método sistemático para asignar los recursos de una empresa de la forma más efectiva para lograr sus metas. Por ejemplo, una Fundación de Lucha contra la Droga puede tener asignados ocho millones a la campaña de información y cinco al programa de investigación sobre prevención.

• *Presupuestación por partidas:* los presupuestos en la Administración Pública son asignados por capítulos y partidas. El Capítulo I suele ser el dinero asignado a personal laboral, mientras el II a Actividades, etc. Dentro de cada capítulo existen diferentes partidas; por ejemplo, dentro del capítulo de actividades, hay una partida para transporte, otra para alimentación, otra para material, etc. Esta es la manera de controlar el gasto público; sin embargo, esto tiene la contrapartida de una cierta inflexibilidad, ya que no se pueden realizar cargos a otra partida que no corresponda, es decir, si se nos ha acabado el dinero de la partida de material, no podemos utilizar la de alimen tación para comprar material sino sólo para lo que la partida esté asignada.

3. Sistemas de financiación

Si la Administración Pública es la que lleva a cabo los programas, estos tendran asignados un presupuesto. Aun en este caso, puede ser interesante y conveniente otras fuentes de financiación que no sean este presupuesto asignado. Se puede obtener ayuda de otros organismos públicos nacionales (por ejemplo, podemos obtener una cantidad del Instituto de la Juventud para actividades juveniles) o internacionales (por ejemplo, ayuda del Fondo Social Europeo para formación) o de entidades y empresas privadas que patrocinen algunas de las actividades -*sponsors*-.

Si los programas se realizan desde entidades, instituciones o colectivos privados, saber cuáles son las fuentes de financiación disponibles se convierte en algo más vital y prioritario.

Las fuentes de financiación se pueden clasificar de la siguiente manera:

3.1. Subvenciones

Se pueden conseguir desde varias instancias y de varios servicios o entidades de la Administración Pública.

Hay que estar pendientes de los boletines oficiales y de las fechas límite, para poder hacer la petición a tiempo. Algunas de las subvenciones pueden ser renovadas cada año y otras tienen una duración limitada.

Las subvenciones pueden ser concedidas a la entidad o colectivo que realiza una serie de programas o actividades (por ejemplo, subvenciones a asociaciones juveniles, que podrían recibir una subvención del Gobierno de su Comunidad Autónoma) o a los programas o actividades en sí mismos (por ejemplo, programa de Promoción de Cooperativas Juveniles, que podrían recibir una subvención de la Dirección General de Cooperativas y del Instituto de la Juventud).

3.2. Patrocinadores o *Sponsors*

A las empresas o entidades privadas les puede interesar ofrecer una cantidad de dinero o programas, a cambio de tener alguna publicidad o aparecer como patrocinadores de obras sociales y culturales, ya que esto les puede ayudar a desgravar impuestos u otorgar determinado prestigio.

Los países anglosajones son los que más tradición tienen en todo tipo de patrocinaje. Esto está, además, fomentado por el propio Estado, ya que son importantes las desgravaciones de impuestos por donaciones a obras sociales, no sólo para empresas y entidades de tipo privado, sino también para personas físicas privadas. En estos países ésta es una forma muy importante de financiación, y aunque en España aún no sea tan significativa, sí conviene tenerla en cuenta.

Hay algunas entidades privadas sin ánimo de lucro (por ejemplo, las Fundaciones) que también pueden hacer donaciones sin pedir a cambio publicidad más allá de figurar como donantes. Este tipo de donaciones se hacen cuando el programa o actividad a la que se ha donado el dinero tiene unos objetivos iguales o similares a los de la entidad que los dona (por ejemplo, una Fundación para la prevención de las toxicomanías puede financiar parte de un estudio sobre el consumo de drogas en los Colegios Públicos, o puede ofrecer una donación a una Comunidad Terapéutica) .

3.3. Financiación propia

Pueden existir muchos otros medios de financiación que no dependan de subvenciones o donaciones exteriores y que se consigan a través de actividades internas de la entidad o colectivo que lleva los programas a cabo.

Estos medios de financiación pueden ir desde las cuotas de los socios de la Asociación que ejecutan el programa o actividad, hasta actividades realizadas especialmente para la recaudación de fondos. Las más típicas son las rifas o los bares en fiestas populares, pero también se pueden hacer muchas otras cosas —ofrecimiento de actividades de formación, rutas de turismo alternativo, etc.—, cuando el grupo o asociación pone su imaginación colectiva en marcha y oferta sus servicios.

También puede ocurrir que las entidades o colectivos funcionen a modo de empresa no lucrativa, de manera que la facturación que se obtenga por la realización de un programa dé un saldo positivo, que se invierta en la realización de otras actividades o programas. Así, habrá actividades que serán más rentables económicamente que otras y financiarán a las que no lo sean tanto.

4. Los recursos materiales: la infraestructura espacial

Los espacios físicos en los que se desarrollan los programas y los procesos de animación sociocultural son sumamente importantes para la buena consecución de los mismos. Por tanto, hay que preverlos y tenerlos en cuenta; en este apartado no se hace sino un brevísimo esbozo de sus posibilidades, dejando para otra ocasión profundizar en ello.

4.1. Los espacios como referente

Los espacios en los que se desarrollen programas de animación sociocultural deben ser, al mismo tiempo, lugares de encuentro y de difusión. En el momento en el que un espacio se transforma en lugar de encuentro, se convierte en punto de referencia para el colectivo que en él está trabajando y, a la vez, para los que desde el exterior lo perciban. Por tanto, al montar espacios, habrá que tener en cuenta las características, la opinión y la participación de la gente que los va a ocupar y utilizar, así como el marco socioambiental en el que se ubique.

En definitiva, la conquista del espacio social estará unida a la del espacio físico.

4.2. La multifuncionalidad

Los espacios deben ser adaptables a las necesidades y características de la finalidad para la que son diseñados, en una palabra: funcionales. Y deben ser adaptables a los grupos y al tipo de actividades que estos realicen. Esto implica una heterogeneidad de usos y de ocupantes. Por esta razón el diseño de los espacios debe realizarse pensando en su *multifuncionalidad y/o multifinalidad.*

Cada vez más, los espacios de uso sociocultural deberían tener un carácter abierto y menos autoposesivo en su disfrute; dependiendo, claro está, del destino para el que cada espacio haya sido creado. Más allá del valor como referente que un local tenga, existe su valor como medio para lograr unos objetivos determinados.

El criterio de multifuncionalidad de los espacios no debe dar pie al criterio de almacén o garaje, posibilitando que sean en todo momento sitios agradables para el encuentro, el trabajo y la creación. El calor y la capacidad de atracción de los espacios cumplen un papel básico en el refuerzo colectivo para la ubicación física de las realizaciones de la animación sociocultural; en ocasiones, al considerar prioritarios los grupos y su participación social, se ha pensado, equivocadamente, que lo demás era accesorio o un lujo inalcanzable.

4.3. La creatividad en los espacios

La creatividad es aplicable no sólo en la búsqueda de espacios útiles para los procesos que se están llevando a cabo, sino también en el interior de los espacios mismos: desde cómo se utilizan, hasta cómo se decoran y gestionan. Afortunadamente, en determinados aspectos se ha llegado a un punto sin retorno, y el que un local o un centro tenga un digno tratamiento de su amueblamiento, de su diseño o del equipamiento, es algo que no resulta extraño.

Pero aun así, estos avances no son garantía de uso creativo, si bien lo facilitan; habrá que prestar atención a las posibles prestaciones que pueda ofrecer un espacio, a las necesidades de los colectivos de su entorno, a la "amortización" con su utilización, etc.

4.4. Las redes de interconexión

La interconexión de espacios de similar finalidad incorpora el factor de universalidad al tratamiento de los lugares de acción y promoción sociocultural; ciertas ideas de comunicación sin barreras cobran fuerza día a día. Este sentido tiene el poder trasladar más allá de los límites geográficos habituales las posibilidades propias de promoción, mediante tecnologías ya al alcance de casi todos (ver capítulo de tecnología y animación). Pero también se introduce otro factor nuevo: el llevar con facilidad, a lugares apartados de los circuitos normalmente establecidos, la información precisa relacionada con el ámbito en el que se desarrolle la animación sociocultural.

Cabría añadir los valores que el hecho de la interrelación tiene por sí misma: el enriquecimiento, la referencia homogénea hacia el exterior, el intercambio de datos y avances; la extensión a un mayor número de usuarios, la interlocución ante organismos diversos -públicos o privados-, etc.

5. En resumen...

Los dos aspectos más importantes en cuanto a los recursos económicos son, por un lado, los presupuestos, y por otro, los sistemas de financiación.

Los presupuestos conllevan una serie de riesgos que van desde la inflexibilidad al detallismo en exceso. Los presupuestos son una forma de controlar la asignación de recursos para la consecución de las metas propuestas.

Hay cuatro tipos básicos: de gastos e ingresos; de tiempo, espacio, materiales y productos; de efectivo; y de balances generales. Se puede hablar también de diferentes formas de presupuestación: con base cero, por programas y por partidas. Los elementos o conceptos a tener en cuenta en un presupuesto se pueden organizar de diversas maneras; en este capítulo se ha propuesto una que se refleja en la T 5.1.

Es importante tener en cuenta y utilizar los diferentes sistemas de financiación, incluso en programas o actividades propiciadas por Instituciones Públicas. Existen diferentes vías: las subvenciones, los patrocinadores o *sponsors* y las actividades de financiación propia.

En cuanto a la infraestructura espacial y material, y en concreto los espacios físicos en los que se llevan a cabo procesos de animación sociocultural, deben tener un carácter de referente y ser multifuncionales, creativos y abrir puertas a la interconexión.

Capítulo VI

Los procesos de intervención

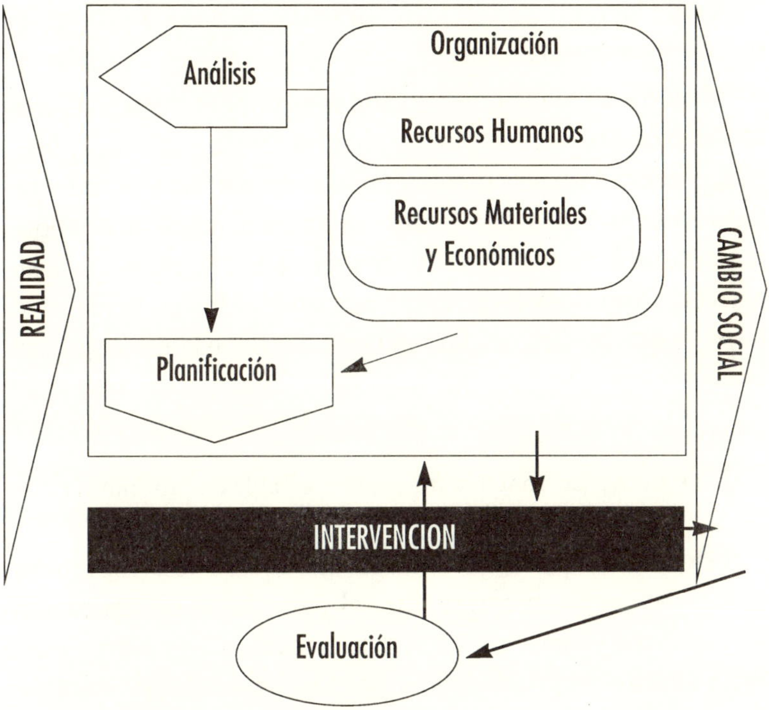

En este capítulo vas a encontrar:

- Una introducción sobre el sentido y los objetivos de la intervención.
- Una propuesta metodológica para el proceso de intervención.
- Los distintos momentos a los que se debe enfrentar la ejecución de un proyecto de acción.
- Dos modelos para la dinamización social.
- Pistas claves para añadir solidez a la intervención sociocultural.

1. Introducción

En el capítulo que ahora comienza se ofrece un modelo de intervención para los procesos de dinamización social. Siguiendo la línea mantenida por todo el libro, el contenido de este apartado se centra exclusivamente en el aspecto metodológico de la intervención sociocultural, siendo esta propuesta una de las muchas posibles.

El momento de la intervención es el punto crítico en el que se van a confrontar los planteamientos teóricos con su aplicación práctica. Análisis previos, conocimientos técnicos, proyectos de acción, todos ellos tienen un componente teórico predominante, si bien -como se apunta en otros capítulos- para su correcta formulación deberán estar inspirados en la realidad hacia la que se dirigen. La intervención tiene como objetivos básicos:

- Generar procesos de dinamización social o estructurarlos cuando ya están generados.
- Poner en marcha iniciativas estables y autónomas de diverso tipo y perspectiva.

Esto implica que la metodología que aquí se desarrolla, tiene sentido aplicarla mientras dura el periodo de dinamización sociocultural y hasta la creación de esas iniciativas autónomas. Estas tendrán su propio método de funcionamiento y su estrategia particular; la metodología de la animación sociocultural habrá cumplido ya su papel, posibilitando las condiciones adecuadas para el crecimiento de estas nuevas plataformas y dejando su impronta en el modelo de desarrollo.

2. Los momentos del proceso de intervención

La intervención se produce para plasmar los propósitos de la animación sociocultural, centrados en: mejorar las condiciones y la calidad de vida, provocar la participación y la organización de la comunidad, aumentar y optimizar los recursos. Estos objetivos generales se consiguen a través de los sucesivos momentos de la intervención. A continuación se sugieren algunos esenciales.

2.1. Conocimiento

Es la entrada en el proceso de intervención; se trata de conocer las necesidades y las posibilidades del territorio de actuación, de detectar los recursos susceptibles de aprovechar y promocionar. En este momento se llevan a cabo todos los estudios y análisis precisos para realizar un diagnóstico/autodiagnóstico acertado y útil para el diseño de la acción. Un diagnóstico preciso del medio en el que se va a intervenir es la pieza indispensable para diseñar un plan de acción ajustado a la realidad y acorde con las posibilidades que ella ofrece. El principio básico en esta ocasión es el de la unicidad de cada espacio sociocultural; cada ámbito de intervención necesita de un plan específico e irrepetible.

Corresponderían a esta fase acciones tales como:

- Reuniones, entrevistas, encuentros sobre "percepción de necesidades".
- Reuniones y foros sobre "diseño de posibilidades".
- Recopilación documental: mapa bibliográfico, estudios de interés, archivos, prensa, boletines, etc.

(Ver capítulo de Análisis de la Realidad).

2.2. Información

Hace referencia a la canalización y la sistematización de la información sobre los recursos existentes y potenciales que afectan a la población. Este momento de la intervención ha de tener un marcado sentido de *feed-back*, de tal forma que la información cumpla una doble función de entrada y salida, información hacia dentro y difusión hacia afuera. Se crearán sistemas de tratamiento, transmisión y elaboración de la información, siguiendo una trayectoria que empiece con mecanismos sencillos y fáciles de poner en marcha y continúe con sistemas más complejos de información.

La información es otra clave para un buen proceso de intervención. Información que aquí adquiere tintes de claridad y fluidez en la comunicación multilateral que interesa a todos los implicados en dicho proceso.

Acciones posibles de este apartado:

- Definir destinatarios de la información.
- Estudiar las entradas de información con los criterios de: relevancia, actualización, amplitud.
- Estudiar las salidas de información para que llegue a los destinatarios, sea comprensible e incite a la acción.
- Establecer canales de información diversos: personas determinadas, medios escritos, medios audiovisuales, foros y reuniones informativas, etc.
- Creación de puntos estables de información.

2.3. Concienciación

Consiste en la promoción de actividades para la comunidad, encaminadas hacia su sensibilización y la toma de conciencia sobre su propia realidad. Esto tiene especial importancia, ya que en último término el proceso de intervención tiene como finalidad entregar las realizaciones e iniciativas a la población, conseguir que la comunidad en sentido amplio (sociedad civil y poderes públicos) haga suyo cada proyecto hecho realidad. En muchas ocasiones la comunidad se encuentra presionada por las necesidades más agobiantes, lo que supone dificultad para entender determinados proyectos de tipo innovador. Concienciar a la población no puede quedar en posicionarse ante los problemas y necesidades; debe orientarse hacia la asimilación de las posibilidades existentes para el desarrollo y hacia su aprovechamiento.

Acciones propias de este momento:

- Actividades de choque: jornadas, semanas, fiestas peculiares, proyecciones, forums, visitas...
- Situaciones para el autodiagnóstico: generación de información, información de regreso, interpretación de la información.
- Plataformas de encuentro: análisis de los problemas, colectivización de necesidades, posibilidades de solución común.

2.4. Participación

Este momento del proceso de intervención se orienta hacia la generación de situaciones y condiciones que favorezcan la participación progresiva de los ciudadanos en la reflexión, toma de decisiones y acciones de la comunidad. La participación va directamente relacionada con la implicación; para que los Proyectos de acción no se conviertan en algo ajeno y permanentemente contestado por la población, es necesario que desde el primer momento se articulen las fórmulas adecuadas de participación de los destinatarios, para que intervengan en todos y cada uno de los pasos de la acción. El papel de la participación en la intervención cumple también otra función no menos importante: fomentar el hábito participativo.

Acciones encaminadas a conseguir este propósito:

- Actividades de participación simple: charlas, conferencias, reuniones informativas, fiestas, excursiones y visitas, etc.
- Actividades de reflexión y diálogo: encuentros, debates, seminarios, formación, etc.
- Actividades de prospección.
- Foros de toma de decisiones y realización: comisiones de trabajo, consejos de participación, asambleas de ámbito geográfico, equipos estables, organizaciones, asociaciones, etc.

2.5. Formación

La formación es el apartado de la intervención que garantiza la interiorización de los progresos colectivos e individuales; asegura al mismo tiempo la adecuada cualificación de las diferentes iniciativas puestas en marcha. La formación planteada a la medida de las necesidades constituye la cimentación de cada proceso de acción emprendido y la respuesta apropiada a cada necesidad. Las situaciones de formación y educación individuales y colectivas inciden directamente en la mejora de la calidad de vida, por lo que de ampliación de la capacidad personal y del grupo conlleva.

Acciones relacionadas con la formación:

- Actividades de formación básica, dirigidas a los sectores de la población que lo precisen: educación de adultos, mujeres, aulas de la tercera edad.
- Formación en animación comunitaria: a los agentes sociales dinamizadores, a los colectivos en marcha y de reciente formación, a equipos de trabajo social.
- Actividades de formación especializada según necesidades del proceso de intervención: conocimientos técnicos concretos, formación en cooperativas, gestión, nuevas tecnologías, formación para el autoempleo.

2.6. Organización

Probablemente, la finalidad más contundente de la animación sociocultural sea propiciar una comunidad organizada antes que activa. La costumbre de organizarse abre mayores posibilidades de avance y predispone a la población a adaptarse y evolucionar al ritmo que su entorno social les exige, contando con mayor capacidad de respuesta colectiva. En este sentido la intervención activará la creación de núcleos organizados en torno a intereses comunes y fortalecerá las plataformas organizadas ya existentes.

Acciones que favorecen la organización de la comunidad:

- Encuentros regulares de grupos de intereses comunes.
- Creación de grupos funcionales *ad-hoc.*
- Promoción de asociaciones: de mujeres, de protección del medio ambiente, culturales, deportivas, de jóvenes, etc.
- Promoción de agrupaciones laborales: cooperativas de consumo o de producción, asociaciones de tabajadores, organizaciones de economía social, agrupaciones para la comercialización.
- Articulación de la vida municipal y vecinal: comisiones de trabajo en el ámbito municipal, asociaciones de localización geográfica (calle, barrio...).
- Equipos locales de desarrollo comunitario.

2.7. Proyección

Es una fase más avanzada de la intervención que consiste en realizar Proyectos de acción concretos a partir de los núcleos organizados existentes. Los Proyectos estarán en función de las necesidades sociales, los recursos, las posibilidades y la capacidad de las organizaciones para generarlos y para asumirlos. Estos Proyectos necesitarán de una metodología apropiada y de un proceso de desarrollo y aplicación propios; la metodología utilizada para el proceso de animación sociocultural habrá cumplido su papel justo hasta el momento del despegue de cada iniciativa.

El abanico de Proyectos posibles abarca las distintas áreas y sectores de la animación sociocultural y del desarrollo comunitario:

- Proyectos economico-laborales: lanzamiento de cooperativas, nuevos cultivos, huertos productivos, adquisición de bienes de equipo...
- Proyectos culturales y educativos: educación de adultos, aulas de cultura, recuperación de tradiciones y fiestas populares, revitalización del folklore, recuperación etnológica...
- Proyectos de salud y consumo: planes de salud comunitaria, organizaciones de consumidores...

• Proyectos de promoción y mejora del medio: iniciativas de turismo alternativo, recuperación de edificios o entorno de valor cultural para la comunidad, conservación del medio natural, Proyectos de promoción de deportes alternativos, ecomuseos...
• Proyectos de mejoras sociales; guarderías, vivienda, transportes, intervención urbanística...
• Proyectos de ocio y tiempo libre: infantiles, juveniles, de aire libre, ocio adulto...
• Proyectos de solidaridad e interrelación: intercambios, campañas de apoyo, coordinación de proyectos, congresos y encuentros.
• Proyectos de comunicación: prensa, radio y televisión local, publicaciones monográficas, vídeo comunitario, redes autónomas de comunicación...

2.8. Interrelación

Es el momento de la coordinación y la interconexión de iniciativas ya en marcha; se sale así del marco geográfico habitual para multiplicar la rentabilidad de lo individualizado, interrelacionando entre sí realizaciones homogéneas. El objetivo es coordinar los esfuerzos y las acciones de entidades, organizaciones, iniciativas y agrupaciones que con tareas similares se extienden más allá de un ámbito concreto.

Acciones a realizar durante el momento de la interrelación:

• Encuentros y jornadas sectoriales.
• Visitas e intercambios.
• Promoción de coordinadores: culturales, laborales...
• Coordinación entre Municipios: mancomunidades, servicios comunes, Proyectos de cooperación...
• Creación de redes de iniciativas especializadas.

2.9. Estabilización de estructuras

Es éste el momento crítico de la intervención en los procesos socioculturales: la creación de estructuras estables de funcionamiento autónomo. Yendo más allá de los programas de animación sociocultural, cuya permanencia es siempre efímera, el objetivo último de la intervención sería dejar estas estructuras con intencionalidad de permanencia, fruto de alguno de los Proyectos emprendidos durante la intervención y que sean el referente a partir del cual promover nuevos procesos de acción y nuevas iniciativas. Como ya se ha dicho antes, a partir de este momento corresponde a cada iniciativa creada, a cada estructura en funcionamiento, establecer su propio método de trabajo y gestión. La intervención sociocultural habrá culminado en este punto su tarea.

Algunas de las estructuras estables que podrían ser creadas:

- Centros de información y documentación.
- Centros, Asociaciones y Fundaciones Culturales.
- Coordinadoras especializadas.
- Cooperativas y Empresas productivas basadas en modelos de economía social, con diversos contenidos.
- Centros de Promoción de iniciativas.
- Centros o Aulas de interpretación de la naturaleza.
- Universidades Populares.
- Emisoras de radio y/o televisión.
- Periódicos locales.
- Puntos de comercialización de productos artesanos y naturales.
- Ferias y mercadillos periódicos.
- Ecomuseos.
- Infraestructuras y servicios para el turismo alternativo: campings, albergues, áreas de acampada...
- Centros de salud y servicios sociales.
- Escuelas Taller y Casas de Oficios.
- Aulas de cultura y colectivos de educación de adultos.
- Escuelas Campesinas.
- Granjas Escuela.
- Asociaciones de Vecinos.

... y todas cuantas estructuras se adapten a las posibilidades de actuación en cada medio concreto.

En el esquema siguiente se resume gráficamente el proceso de la intervención sociocultural. Los diferentes momentos expuestos hasta ahora no suponen casillas rígidas en las que cada una da paso a la siguiente; son momentos con una cierta lógica secuencial en su ejecución, pero que bien pueden saltearse según las exigencias que la realidad imponga.

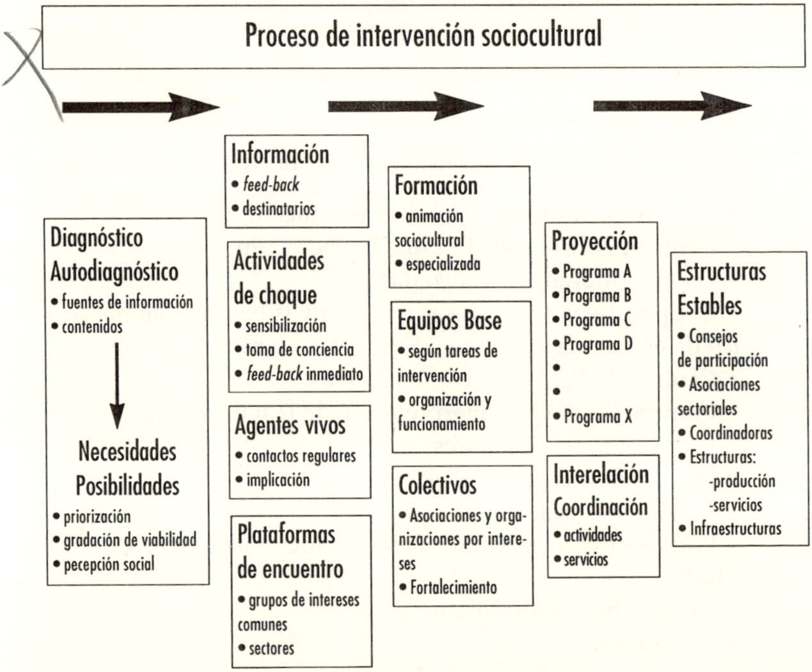

Fig. 6.1 El proceso de intervención

3. La dinamización sociocultural: la entrada en el proceso de intervención

Dentro de los procesos de intervención la dinamización sociocultural ocupa un puesto relevante en los primeros momentos de la ejecución de un programa de acción; y es especialmente importante, cara a la implicación de individuos y colectivos en la creación de un tejido social con la suficiente vertebración, solidez y autonomía.

Respetando las peculiaridades de cada comunidad, respetando los ritmos y el desarrollo particular en cada caso, se puede proponer una metodología de dinamización uniforme. Siempre situándose en un panorama de escasa vertebración social, una adecuada dinamización fortalece el desarrollo de la intervención posterior y la consolidación de procesos de animación sociocultural. En síntesis, la dinamización tiene como finalidad generar la implicación, la participación, la toma de conciencia y la decisión, acerca de cómo organizarse el futuro.

Para aplicar esta metodología se van a considerar dos puntos de partida diferentes: uno -modelo cero- en situaciones en las que la articulación social es prácticamente nula; otro -modelo uno- en el que la articulación existe, pero es incipiente o está poco vertebrada.

3.1. Modelo cero

La intervención en un medio determinado necesita generar un mínimo tejido social, un caldo de cultivo receptivo sobre el que emprender diversos proyectos de acción; si esta dinamización no se produce, el entramado sobre el que se construya el proceso sociocultural se verá salpicado de lagunas que ahogarán cualquier posibilidad de estabilización.

Entre la primera convocatoria dirigida a un sector de población determinado, y el momento en que éste proyecta su acción de una forma organizada, existe todo un recorrido de reuniones, análisis, estructuración, motivación, decisión, elección, etc. Este camino podría quedar ordenado de la siguiente forma:

1. *Convocatoria sectorial*

Es la primera convocatoria para el sector de población al que se pretende dirigir la propuesta de acción; la convocatoria puede ser amplia -sin limitaciones de asistencia- o restringida -para un número de personas especialmente interesadas-. Este primer contacto tiene como objetivos: darse a conocer, tantear el ambiente, conocer la capacidad de convocatoria, presentar de una forma general el proyecto global de acción, etc. Tiene aún un carácter directivo. Ejemplos de esta convocatoria: un grupo de jóvenes de un barrio con cierta inquietud para organizarse; mujeres de un pueblo para proponerles acciones específicas; agricultores de una comarca con problemática similar; adultos a los que se propone su participación en un aula de cultura...

2. *Diagnóstico colectivo de la realidad. Propuestas de acción*

En sucesivas convocatorias el colectivo reunido inicia un proceso de investigación-acción, de mayor o menor alcance según las posibilidades y las pretensiones; todo ello para elaborar un diagnóstico colectivo de su realidad y unas primeras propuestas de acción (Ver capítulo dedicado al Análisis de la realidad). Siguiendo los ejemplos de antes: los jóvenes analizan sus deseos y posibilidades y proponen un primer plan de acción; las mujeres hablan y reflexionan sobre su situación y deciden organizarse; los agricultores dialogan sobre los problemas de su trabajo, y descubren posibilidades de ponerse de acuerdo en determinados aspectos, constatando ciertas actitudes individualistas; los adultos hablan sobre sus carencias culturales y se muestran interesados por el aula...

3.a) Grupo base promotor

Tras los primeros encuentros el colectivo muestra interés ante las propuestas que van surgiendo y se plantea la continuidad; sin embargo, ante lo numeroso de cada convocatoria, empieza a hacerse necesaria cierta operatividad. Para ello se elige un grupo-base promotor que asume un trabajo más continuo y minucioso, así como la capacidad de convocatoria amplia; de esta manera, de entre los colectivos mencionados en los ejemplos anteriores, surgen grupos promotores más reducidos que impulsan y coordinan la acción colectiva.

3.b) Actividades de choque y periodificación de convocatorias dirigidas

Esta variable a la elección del grupo base promotor surge ante la falta de motivación colectiva o de dinamización autónoma; se hace preciso entonces llevar a cabo actividades de choque que den pistas e impulsen la disposición a organizarse: visitas, fórums, actos festivos, asambleas, jornadas informativas, etc. Estas actividades de choque tienen un carácter efectista; su impacto indicará: si merece la pena mantener ciertas convocatorias dirigidas, en las que pueda surgir algo más complejo; si se despierta el interés y se elige un grupo promotor; o si hay que desistir por el momento de intentar nada autoorganizado por el propio colectivo.

4.a) Periodificación de convocatorias amplias

En esta primera variable se estabilizan las convocatorias amplias, aunque con menor periodicidad; la iniciativa para convocar parte ya del grupo base promotor y se plantea dos objetivos prioritarios: la estructuración interna y la diversificación de tareas y funciones. Esta periodificación tiene la misión de generar el hábito de encuentro y de pertenencia a un colectivo; sin embargo, es importante que estas convocatorias masivas no sean ya tan seguidas como al principio, y que siempre tengan un contenido claro de trabajo. Hay que eliminar la sensación de monotonía, cansancio prematuro, pérdida de tiempo o complejidad excesiva del trabajo en común; el grupo promotor cumple un papel fundamental en el ritmo de encuentros y de tareas propuestas.

4.b) Periodificación de convocatorias restringidas

Esta segunda posibilidad hace referencia a los procesos asociativos de ámbito especializado, en los que el valor de lo masivo no tiene tanta importancia y sí la tiene consolidar un núcleo fuerte de personas que será el que, posteriormente, llevará la iniciativa de la dinamización. Un ejemplo: se pone en marcha un plan de educación popular de adultos en un pueblo y se trabaja en un primer momento con el grupo reducido de monitores que, más tarde, convocará y organizará la experiencia.

5. Búsqueda de recursos, formación y difusión

Es el momento en el que el colectivo, amplio o restringido, se prepara para la acción; determina qué recursos son los necesarios y cómo han de organizarse (local, financiación, personas, materiales...); satisface sus necesidades formativas, de lo más sencillo a lo más complejo (desde aprender métodos sencillos de trabajo en equipo, toma de decisiones, procedimientos de debate colectivo, etc., hasta formación específica en el caso de un grupo restringido especializado, con contenidos tales como métodos pedagógicos, fórmulas de gestión, etc.); difunde lo que se está haciendo para recabar apoyo social, contagiar con su dinamización al resto de la colectividad o sensibilizar sobre sus reivindicaciones.

En la variable de trabajo con un grupo restringido -la 4. b)- le corresponderá, además, la tarea de diseñar la estructura de funcionamiento que se transmitirá al colectivo destinatario; en este caso la difusiónn tiene un alto valor como elemento dinamizador, ya que hasta ahora sólo se trabajaba con un grupo reducido con mayor motivación.

6. Acción/Proyección

Es el último eslabón de la cadena dinamizadora puesta en funcionamiento. El colectivo organizado, amplio o reducido, con una finalidad u otra, con un tipo de componentes o con otro distinto, está en condiciones de emprender su propio plan de acción y de proyectar su existencia hacia el futuro inmediato o lejano. El proceso dinamizador habrá llegado a un punto y aparte; ahora, cada núcleo organizado aplicará su propia metodología de trabajo adecuada al tipo de tarea que haya iniciado.

3.2. Modelo uno

En este segundo modelo la dinamización no se dirige hacia un terreno virgen, sino que actúa en realidades organizadas ya existentes que se encuentran ante la necesidad de reciclar su funcionamiento. En este caso también se parte del respeto a cada situación, a cada historia particular; la dinamización ofrece una reorientación del camino recorrido hasta ese momento, ofrece una revisión de planteamientos anteriores, una readaptación a perspectivas de progreso colectivo... El proceso de dinamización en este "modelo uno" podría ser el que sigue:

1. Análisis coyuntural

Se trata de analizar la situación concreta del momento en el que se propone la dinamización; se realiza un "diagnóstico de situación" para constatar, colectivamente, qué aspectos están consolidados en su funcionamiento, cuáles deben ser mejorados, cuáles eliminados... Es conveniente que, siempre que sea posible, el análisis suponga una investigación participativa de los sujetos que le dan sentido; se puede hacer un análisis "tipo auditoría" desde el exterior, con posibilidades seguras de acierto, pero con menos impacto en la propia toma de conciencia y en la implicación de los usuarios de la realidad en cuestión.

2. Definición prospectiva. Definición de necesidades

Tras el análisis se impone la concreción; definir con exactitud las necesidades y, lo que es más importante, las posibilidades de proyección, la prospectiva para la acción futura del colectivo. Se propone una combinación entre dos "estudios": el interno y el del mercado externo. Es el momento de averiguar si el proyecto de acción del colectivo analizado tiene viabilidad o no, y de perfilar los recursos de apoyo que habrán de ser requeridos.

3. Apoyos metodológicos. Reciclaje estructural

Una vez conocida en profundidad la realidad, dos elementos son los puntales de un funcionamiento eficaz: la metodología y la estructura. En la primera habrá que establecer los apoyos precisos, fortaleciendo así la base sobre la que proyectar la acción; en la estructura será necesario un reciclaje acorde con la prospectiva realizada anteriormente, estudiando qué relación de papeles será la que se tenga que poner en juego para dar mayor fluidez a la nueva línea de trabajo emprendida.

4. Nuevas perspectivas. La interrelación

Con las bases renovadas, el colectivo sometido a una redinamización se encuentra ya en condiciones de escudriñar nuevas perspectivas de futuro, nuevos planes de trabajo y proyectos de acción... Algo que facilitará este nuevo rumbo será la capacidad de interrelación que tenga el colectivo. Consolidado un núcleo determinado, el siguiente e imprescindible paso para no agotarse en sí mismo es el que hace salir del paisaje inmediato y cotidiano para ver más allá y encontrarse con otros que tienen que ver con uno; se trata de proyectar la acción al exterior: coordinadoras, intercambios, jornadas de puertas abiertas, cooperativas de grado avanzado, redes extraterritoriales, etc.

La interrelación adquiere especial valor en comunidades sociales limitadas, en las que la falta de referencia externa desproporciona y absolutiza los problemas propios.

En los gráficos siguientes se resume de una forma esquemática la secuencia de los dos modelos de dinamización propuestos:

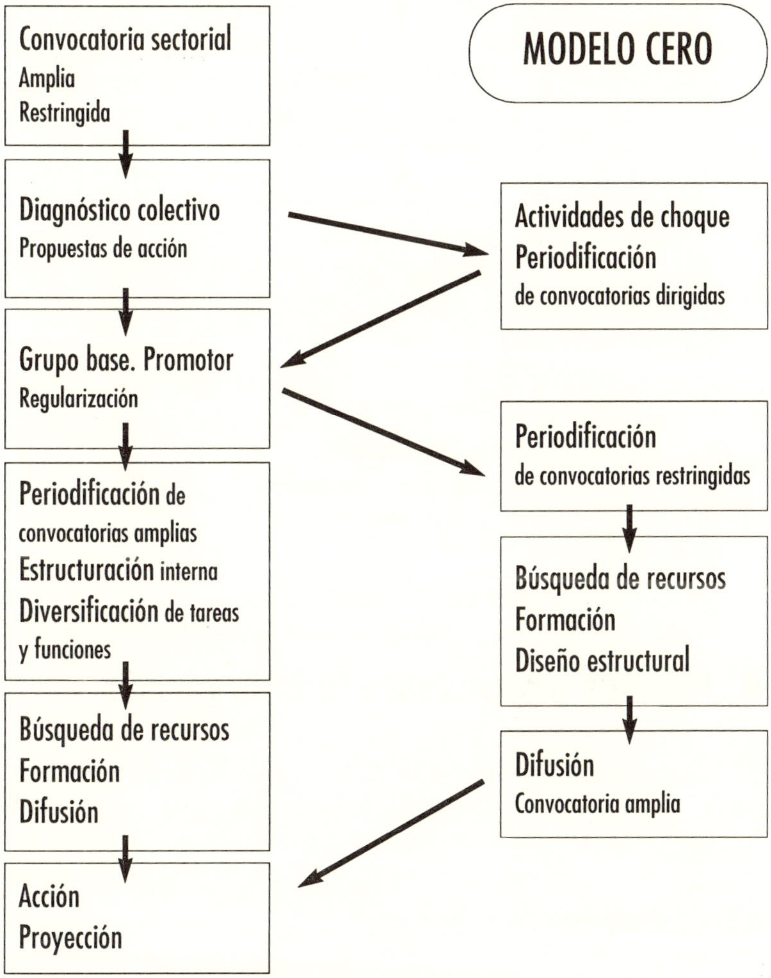

Fig. 6.2 Modelo cero de dinamización social

Fig. 6.2 Modelo uno de dinamización social

4. Algunas pistas sobre la intervención

Como penúltimo apartado de este capítulo se ofrecen unas pistas que pueden resultar claves en el transcurso de la intervención.

4.1. Colectivización de necesidades

La intervención en el contexto de un proceso sociocultural se enfrenta a un aprendizaje secular basado en la resolución individualizada de los problemas y necesidades, en el que la capacidad personal en competición con la de los demás es el valor principal a la hora de plantearse una mejora en las condiciones de vida. Por ello, no sería suficiente llevar a cabo una intervención atendiendo a los momentos secuenciales ya expuestos; se hace imprescindible introducir un giro en la acción que se emprenda, tendente a fomentar la adopción de fórmulas y soluciones colectivas.

La construcción del tejido social se realiza de esta forma priorizando la creación de organizaciones simples, sistematizando su interrelación. Se trataría de romper la dialéctica de tipo asistencial centrada en el caso a caso, para pasar a trabajar sobre las posibilidades de solución colectiva y reduciendo la solución individual aislada al mínimo razonable (ver fig. 6.3).

4.2. Materialización de los proyectos: la "teoría del embudo"

El movimiento expansión-concentración-expansión tiene mucho que ver, también, con los procesos de intervención; en un primer momento el movimiento es de expansión, el proyecto de acción está tomando tierra y extiende sobre ella toda su actividad movilizadora. Es la ocasión de poner en marcha multitud de iniciativas, de entrar en contacto con toda persona o colectivo que tenga un mínimo de inquietud, de abrir todas las espitas para que el flujo de acción sea el máximo permisible.

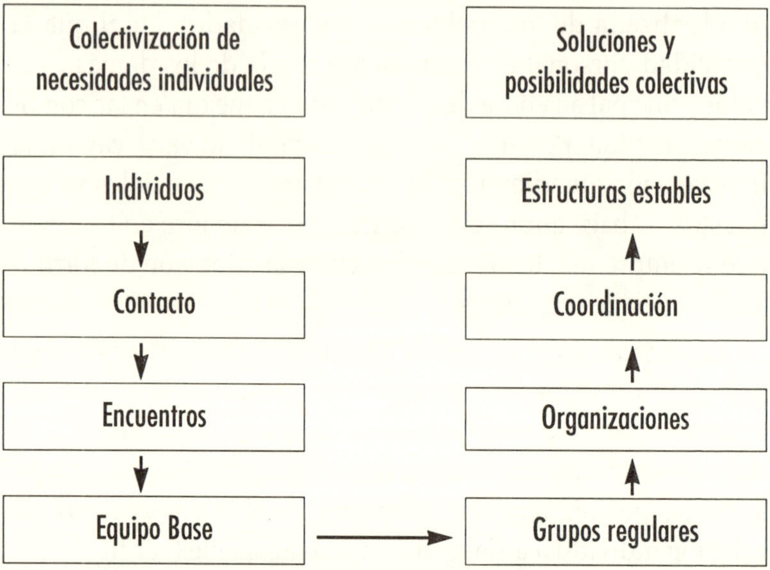

Fig. 6.3 Problemas individuales vs. soluciones colectivas

Toda esta dispersión, a medida que el proceso de intervención avanza, deberá ir derivando en una sucesiva materialización de los proyectos iniciados, de tal forma que paulatinamente se vaya empezando el segundo movimiento -esta vez de concentración- y los focos de atención vayan siendo reducidos a los especialmente relevantes. Los esfuerzos se dedicarán ahora a estabilizar y fortalecer aquellos proyectos materializados, que son el referente externo más contundente del conjunto de la acción emprendida antes. Será después, tras su consolidación, cuando se podrá volver a abrir el embudo para volver a ofrecer un abanico amplio de posibilidades de actuación.

4.3. El "desde dónde" se interviene y el aprendizaje sobre la práctica

El punto de partida en el que se encuentra el ámbito de intervención es determinante para el desarrollo de ésta; lo que va a suponer que los modelos de intervención nunca podrán ser matrices repetidas mecánicamente en una u otra realidad. Los modelos son puntos de referencia sobre los cuales orientar la intervención, ya que ésta tendrá diferente ritmo y alcance según la situación en la cual se ponga en juego.

Esta premisa se refuerza, si se considera además el factor aprendizaje; dicho de otro modo, la madurez de propuestas, de iniciativas y de planteamientos, producto de la selección natural, por un lado, y del *feed-back* constante con el exterior, por otro. Así, un mismo proyecto en fases sucesivas de su ejecución, puede elegir diferentes puntos de partida de los utilizados al principio de su andadura, acelerando procesos que, de repetir siempre los mismos procedimientos, perderían eficiencia y eficacia en sus resultados.

4.4. Los canales de comunicación: el termostato de la intervención

La intervención de corte sociocultural se desarrolla pensando en una colectividad social concreta; colectividad seguramente heterogénea y dispar en sus aspiraciones, posibilidades y necesidades. Sin embargo, todos los sectores sociales receptores de la acción van a posicionarse ante la promoción sociocultural que se les oferta. Por ello, el termostato de la intervención ha de funcionar con exactitud en todo momento. Habrá que prever y mantener los canales de comunicación adecuados, con todos y cada uno de los sectores sociales con los que de una forma u otra se va a establecer relación, por activa o por pasiva: autoridades públicas, instituciones privadas, colectivos organizados ya existentes, destinatarios potenciales de la acción, medios de comunicación, etc. No se trata de suplir papeles que no correspondan, pero sí de estar atentos a la sociedad a la que se dirige la acción sociocultural, por un lado, y a quien la promueve, por otro; esta actitud comunicativa, no es otra cosa que mantener permanentemente el respeto hacia la colectividad en su conjunto, evitando caer en posturas redentoristas o salvadoras de tipo unidireccional.

4.5. La sistematización de la práctica

Completando algo ya mencionado antes, la intervención debe ir salpicada de momentos y posibilidades de sistematización; ya que es la práctica la que proporciona el más importante espejo de lo que se va haciendo, su reflexión, su análisis y, en definitiva, su sistematización, constituirán el registro -público o interno- más contundente del progreso colectivo. Son muchas las fórmulas: desde las sesiones restringidas de análisis, hasta los informes de situación dirigidos a los puntos adecuados, pasando por los estudios específicos de evaluación.

4.6. Necesidades frente a posibilidades

Por último, una orientación interesante que se puede introducir en la intervención sociocultural, consiste en dar un giro al tradicional discurso de las necesidades y la demanda, hacia el de las posibilidades y la oferta. Casi siempre la animación sociocultural, no sin razones, ha venido desarrollando su trabajo intentando cubrir carencias, huecos de la realidad social, con un matiz de demanda; los tiempos evolucionan y los cambios en la mentalidad colectiva inciden en un nuevo rumbo, en el aprovechamiento y la promoción de los recursos y las posibilidades; la oferta de lo que a la comunidad le es propio, revalorizado, constituye el foco principal de la acción. Aparece el término de *cultura productiva*... "pero esto es ya otra historia"...

5. En resumen...

Los procesos de intervención tienen como objetivos principales generar procesos de dinamización social o estructurarlos cuando ya estén generados y poner en marcha iniciativas autónomas de distinto tipo y perspectiva.

La intervención debe contemplar una sucesión entrelazada de los siguientes momentos: conocimiento de la realidad y diagnóstico participativo de ella; información de y para el proyecto de acción enfocada hacia los destinatarios; concienciación y sensibilización de la colectividad receptora; participación a través de diversas plataformas en la toma de decisiones y elección de soluciones; formación *ad hoc* para fortalecer los procesos de articulación y avance social; organización de la comunidad en núcleos idóneos para sus posibilidades y expectativas; proyección de los colectivos organizados; interrelación con otros grupos homogéneos y/o heterogéneos; estabilización de estructuras para la creación de un tejido social consolidado.

La dinamización social configura la llave de entrada para el proceso de intervención posterior, tomando como referencia dos puntos de partida posibles: una realidad social sin vertebración ninguna, en la que la dinamización parte de cero, y otra, con una vertebración incipiente o necesitada de reciclaje en la que la dinamización ha de partir de lo recorrido anteriormente. En ambos casos la dinamización ha de crear un caldo de cultivo receptivo a los procesos de animación sociocultural y una organización colectiva capacitada para la transformación de su realidad cercana y previsora de la evolución social a más largo alcance.

La intervención implicará, además, resolver los siguientes aspectos: los problemas individualizados frente a las soluciones colectivas; la materialización de los proyectos; los distintos puntos de partida; la incorporación del aprendizaje de la práctica a la prospección de futuro; la canalización fluida de la comunicación; el registro de la experiencia y la sistematización de la práctica.

Capítulo VII

La evaluación

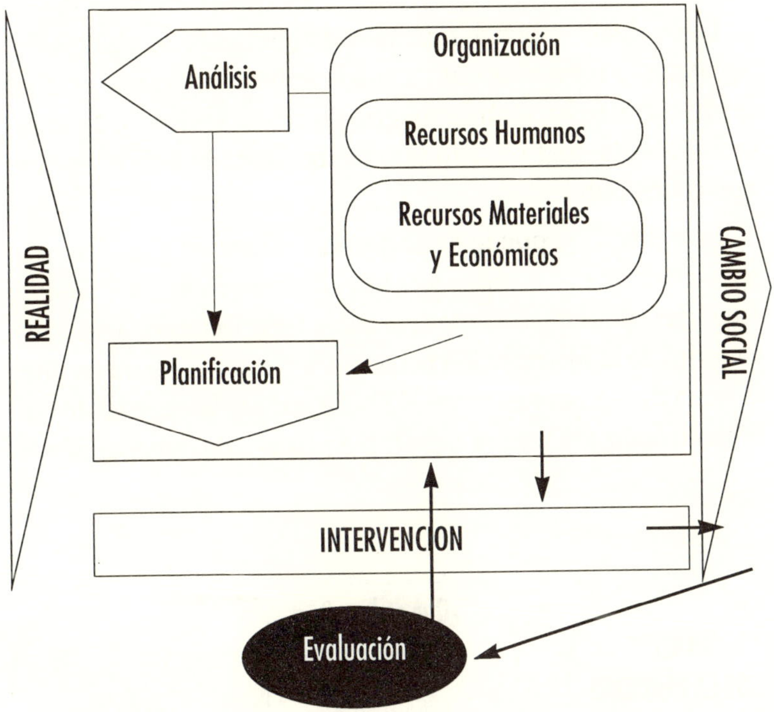

En este capítulo vas a encontrar:

- Una definición del concepto de *evaluación* en animación sociocultural.
- Una idea de cómo situar la evaluación en el proceso metodológico.
- Un comentario crítico de lo que hoy se hace en este campo.
- Criterios con los que hacer un diseño de evaluación.
- Algunas técnicas aplicables a determinadas situaciones.

1. Concepto

La evaluación es una parte importante del proceso metodológico de la animación sociocultural; previo al desarrollo de esta idea -a lo largo de este capítulo-, se puede enunciar un concepto de evaluación que describa su función en aquel campo.

La evaluación ofrece muchas posibilidades de utilización, tantas como fines a los que se puede aplicar. Es posible evaluar desde cómo se ha sentido un grupo en una sesión de alfabetización, hasta cuál ha sido la relación coste-beneficio en una agencia de publicidad.

En general, se puede decir que la evaluación significa *recoger y analizar sistemáticamente una información que nos permita determinar el valor y/o mérito de lo que se hace*. Determinar el valor o mérito de la intervención no es gratuito; se hace para facilitar la toma de decisiones y con el fin de aplicar lo aprendido con la evaluación a la mejora del propio proceso de intervención.

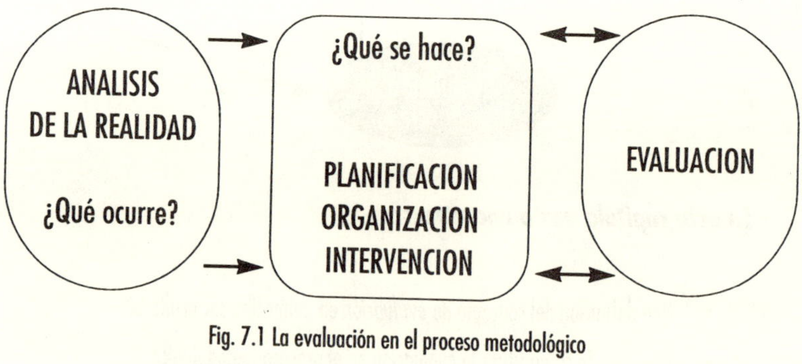

Fig. 7.1 La evaluación en el proceso metodológico

2. Referencias desde la práctica

Antes de pasar a desarrollar la propuesta metodológica conviene hacer un repaso de los vicios que normalmente rodean la práctica de la evaluación en programas de tipo sociocultural. Veamos algunos de ellos:

- *La subjetividad inoperante o cuando evaluar equivale exclusivamente a valorar*

Muchas veces las evaluaciones se quedan en una simple valoración sin llegar a profundizar en los porqués y sin proponer alternativas. Esto lleva a análisis apasionados, poco operativos -"todo es un desastre"- que suelen darse con frecuencia en algunos colectivos provocando desilusión y bloqueo en los mismos (El profesorado no ha servido para nada y el grupo no participa en el curso). La evaluación conlleva necesariamente un elemento de valoración, pero no se puede quedar ahí; tiene que intentar explicar las causas y recomendar cómo mejorar lo que se está evaluando.

- *La sacralización del número o cuando evaluar equivale exclusivamente a cuantificar*

Existe una idea errónea de que evaluar significa reducir los resultados de un programa a términos cuantificables. Parece que lo serio va siempre expresado en número. Así se pueden ver muchas evaluaciones que consisten, exclusivamente, en la utilización de indicadores de tipo cuantitativo: número de participantes, número de actividades que se han realizado, cantidad de dinero que se ha empleado... Las más sofisticadas llegan a combinar estos elementos y ofrecen ratios sobre cuánto dinero ha costado cada participante, etc. Probablemente, una de las razones por las cuales la evaluación no ha sido una práctica muy común en programas de animación sociocultural es, precisamente, esta concepción de la evaluación como exclusivamente cuantitativa y compleja en su comprensión.

- *La unidireccionalidad o la evaluación como legitimización de unos pocos*

Se realizan evaluaciones en las que se contemplan opiniones, valoraciones, explicaciones y recomendaciones de sólo una parte de los implicados en el programa -normalmente los responsables-. Es importante que en la evaluación se refleje lo que tienen que decir todos y cada uno de los sectores implicados e interesados en el programa.

- *El valor de lo absoluto y lo relativo de este valor*

En algunas ocasiones no se tiene en cuenta el valor relativo de los criterios de evaluación a aplicar. El "sólo han venido nueve", cuando la actividad es una conferencia que se ha realizado en un pueblo de 300 habitantes, debe ser necesariamente relativizado.

- *La diferencia en la interpretación de los criterios*

Los criterios de evaluación no suelen ser los mismos para todos los implicados en ella: esto es lógico si se tiene en cuenta que, normalmente, la escala de valores de los participantes en un programa es inevitablemente heterogénea. Por ejemplo, si se evalúa como criterio positivo la "participación" de los destinatarios, puede que para algunos de los evaluadores la participación equivalga a asistir a las actividades, mientras que para otros consistirá, además, en que los destinatarios participen en la toma de decisiones sobre la marcha del programa. La solución a estas diferencias de interpretación reside en el reconocimiento de esta diferencia y en el intento de consenso en la medida de lo posible.

- *Todo en el mismo saco o la confusión en los niveles de evaluación*

Con frecuencia se engloban o equiparan muy distintos niveles de análisis en una misma evaluación. Es distinto evaluar la institución que lleva un programa a cabo que el programa por sí mismo. También es diferente evaluar, por ejemplo, un programa de alfabetización a evaluar lo que han aprendido los alumnos receptores. Hay que diferenciar bien los niveles y saber qué es lo que queremos analizar en cada momento.

- *La recogida de datos compulsiva*

Algunas veces se confunde evaluación con la simple recogida de datos y se desarrollan registros a rellenar sobre lo que ocurre en el programa. Estos registros, en muchos casos, no son utilizados más allá de esta propia recopilación. Aunque puedan servir como un elemento de control sobre lo que se hace, no son evaluación propiamente dicha, ya que no se da ni una valoración ni una explicación de los hechos. En algunas ocasiones se recogen muchos datos que luego no son significativos para una evaluación. Hay que ser selectivos en la recogida de información, de manera que no se empleen energías inútiles. Es más importante que se utilice a fondo la poca información recogida a que se tengan muchos datos que no sirvan para hacer mejorar el programa

- *La tiranía de la investigación experimental*

En ocasiones se ha entendido la evaluación como un proceso de investigación en el que han de utilizarse necesariamente los mismos procedimientos y técnicas del método científico experimental. Es importante diferenciar la investigación de la evaluación, liberando a esta última de la rígida y lenta capacidad de respuesta que conlleva el método experimental cuando se enfrenta a situaciones que no son de laboratorio. La evaluación en la animación sociocultural debe ser algo eminentemente práctico y aplicado, en donde el factor tiempo tenga una importancia crucial. Por tanto, no se rechaza la utilización de este método (no cabe la menor duda que, existiendo las condiciones precisas, debe ser utilizado), sino que la mayoría de las situaciones evaluativas en la dinámica sociocultural no permite su utilización. En otras palabras puede ser más interesante sacrificar la utilización del método experimental (que en algunas ocasiones puede llevar a la obtención de datos muy precisos, si bien sobre parcelas muy restringidas del programa que se está evaluando) y obtener, sin embargo, un mayor sentido global de la evaluación. Al fin y al cabo, el sentido último de la evaluación es que resulte útil para la mejora del programa o la toma de decisiones acerca del mismo. Por tanto, a diferencia de lo que sucede en la investigación básica y aplicada, en la evaluación de programas normalmente no es prioritaria, aunque pueda ser deseable en algunos casos, la generalización de los resultados.

- *Cuando evaluar equivale a cubrir el expediente*

Muchas veces se evalúa simplemente por el hecho de que hay que rendir cuentas a alguien o justificar una subvención obtenida, sin confiar ni esperar que la evaluación pueda ser útil para la mejora de lo que se está haciendo. Este tipo de "evaluaciones" hacen desconfiar de su utilidad como parte de una metodología comprometida con los procesos socioculturales.

3. Referencias bibliográficas

La conciencia de la necesidad de la evaluación en procesos socioculturales y, sobre todo, el desarrollo de la misma son fenómenos relativamente nuevos en España. En la actualidad se podría decir que existe ya un discurso de la necesidad de la evaluación como parte inevitablemente integrante de un proceso metodológico más amplio. Este discurso, sin embargo, ha quedado muchas veces en una mera declaración de intenciones que no se ha correspondido con una ejecución real. Esto puede ser considerado como un fenómeno extraño, si se analiza la literatura existente en nuestro país sobre evaluación, que se podría dividir en varios campos:

— *Literatura relacionada con el trabajo social*; es aquí donde encontramos una mayor fuente de documentos sobre metodología de procesos socioculturales, que vienen de la tradición latinoamericana (Espinoza Vergara, Ander-Egg...). También en este campo es donde se han desarrollado más sistemas de evaluación que, sin embargo, tienen más que ver con evaluaciones a gran escala de servicios sociales que con otro tipo de procesos socioculturales.

— *Literatura relacionada con la evaluación psicológica y diagnóstica*; este ámbito tiene poco que ver con los procesos socioculturales, ya que se trata de evaluaciones ceñidas a la casuística individual .

— *Literatura relacionada con la evaluación educativa*; tradicionalmente este tipo de literatura ha estado centrada en la evaluación del alumno, más que en la evaluación de programas y proyectos educativos. En otros países -especialmente EE.UU.- se ha desarrollado este último tipo de evaluación y en España empieza a aumentar la preocupación sobre ello, fomentada sobre todo por el movimiento de reforma de las enseñanzas. Empiezan a traducirse algunos materiales norteamericanos de interés y las distintas Instituciones Públicas comienzan a dar mucha importancia a la evaluación de programas educativos.

— *Literatura directamente relacionada con la animación sociocultural y el desarrollo comunitario*; no existe prácticamente hasta el momento ningún libro ni artículo monográfico sobre el tema. En algunos casos se dedica un espacio -normalmente muy corto- a hablar solamente de la necesidad de la evaluación. Normalmente, o bien se teoriza -muy superficialmente- sobre el tema o bien se exponen las valoraciones hechas sobre algún programa, es decir, se habla del contenido de la evaluación pero no de la metodología que se ha utilizado para llegar a ella. Salvo alguna excepción (M. Jesús Garrido,

Franch y Martinell, Espinoza) no se proponen instrumentos ni técnicas concretas de evaluación.

En los términos en los que se menciona la evaluación en estos documentos se puede resumir en tres aspectos:

— Evaluación como *parte del proceso metodológico de animación sociocultura*l (estudio de la realidad, programación, intervención y evaluación)

— Evaluación como *instrumento de maduración en los procesos de grupo.*

— Evaluación como *medición del grado de cumplimiento de los objetivos* propuestos, es decir, de los resultados esperados. Algunos autores hablan entonces de rentabilidad social.

El problema, sobre todo, reside en que se desarrolla escasamente la parte más estrictamente metodológica de la evaluación y, cuando se hace, lo es de manera muy general y con criterios estrechos (cumplimiento de objetivos). Creemos que ésta es la respuesta lógica a la *falta de tradición evaluativa* en programas y servicios socioculturales en nuestro país. Sin embargo, cada vez existe más preocupación y más gente experimentando sistemas de evaluación que son útiles para los programas en los que están implicados.

4. El planteamiento

Una vez aclarado el concepto de evaluación y hecho un repaso a lo que se hace normalmente y a lo que se ha escrito sobre el terna, se puede ya exponer el planteamiento del que se parte para desarrollar la propuesta metodológica que en este libro se hace.

Recordando el concepto de evaluación: recoger y analizar sistemáticarnente una información que permita determinar el valor y/o el mérito de lo que se hace y concretando un poco más, se puede decir que la evaluación se concibe como un proceso en el cual se recoge y analiza sistemáticarnente una información sobre un programa, actividad o intervención con la intención de utilizar (es decir, aplicar) ese análisis en la mejora del programa, actividad o intervención.

4.1 El sentido de la evaluación

Esta definición implica, claramente, que el sentido de la evaluación reside precisamente en que ésta sea usada, de hecho, para despejar interrogantes, mejorar la efectividad o tomar decisiones en cuanto a un programa, actividad o intervención y a lo que éstos afectan se refiere. Es decir, la evaluación ha de ser ante todo útil y práctica.

— *Util*, porque la información que nos ofrezca debe servir para la mejora del programa, actividad o intervención: es decir, debe ser una información fácilmente aplicable y utilizable. No nos sirve prácticamente de nada saber que tal Ayun tamiento ha rea lizado X actividades culturales este año si lo que pretende nuestro programa es potenciar la creación de núcleos activos de personas que dinamicen el pueblo.

— *Práctica*, porque debe estar dirigida a la acción. Al igual que todos los momentos del proceso metodológico de la animación sociocultural. Para esto debe estar basada en la realidad concreta del programa evaluado.

En definitiva, si no se utiliza la información obtenida a través de la evaluación, los esfuerzos y energía empleados no merecen la pena.

algo más sobre: **los criterios de utilidad**

En 1981 el Comité Conjunto de Normas para la Evaluación educativa publica en EE.UU. una serie de normas para la evaluación de programas, proyectos y materiales educativos.
Estas normas se desarrollaron en un periodo de cinco años y dicho Comité representaba a más de doscientas personas en el mundo profesional de la evaluación.
Las normas estaban divididas en cuatro condiciones, por orden de prioridad:

- utilidad
- viabilidad
- ética
- precisión

Este Comité consideró que primero, una evaluación debe ser útil para las personas implicadas en el programa evaluado.
Después debe ser viable tanto en términos políticos, como prácticos, como de coste-beneficio y debe ser llevada a cabo ética y honestamente.
Finalmente, si ya hemos comprobado que es útil,viable y ética, entonces nos ocupamos de la precisión técnica.
Estas normas, aunque especializadas en programas e intervenciones educativas, y teniendo como marco de referencia la idea de evaluadores externos al programa, pueden ser útiles en el sentido de que responden a una tradición evaluativa de muchos años.
Existe un resumen de estas normas traducido al castellano en el libro de Stufflebeam y Shinkfield, mencionado en la bibliografía.

Fig. 7.2

4. 2 Características necesarias

Para que la evaluación sea efectivamente práctica y útil, deben darse una serie de características en dicho proceso evolutivo.

— *Capacidad de respuesta* según las situaciones: pueden ser muy diversas o variadas. Es importante adecuarse a cada situación concreta sin empeñarse en aplicar modelos preestablecidos o recetas aprendidas.

— *Flexibilidad metodológica*: todos los métodos de recogida de información pueden valer. Se debe estar abierto a todas las posibilidades, ya que cada situación evaluativa es distinta y puede requerir distintos procedimientos. En cualquier caso no hay una única vía para cada evaluación: debemos saber del máximo número de métodos, ya que debemos elegir el (los) más adecuado(s) a cada momento. Sería interesante que en las ciencias sociales, en general, y en la animación sociocultural, en particular, se fuesen desarrollando métodos cualitativos de recogida de inforrnación, ya que estos han sido subestimados y, por tanto, poco estudiados y utilizados: sin embargo, no por ello se debe rechazar de lleno la utilización de métodos cuantitativos, siempre y cuando tenga sentido y sea compatible con la situación evaluativa concreta.

— *Temporalidad*: la evaluación y sus resultados deben plantearse en el momento más adecuado para su utilización. El factor tiempo es especialmente importante: normalmente cuando nos hacemos una pregunta nos urge saber la respuesta cuanto antes, máxime cuando de la contestación depende que cambiemos algo en nuestra intervención. Una evaluación puede resultar inútil si pasa mucho tiempo entre que se formulan las preguntas evaluativas y se contestan las mismas.

—*Sensibilidad social*: entendida en un sentido amplio, quiere decir que es necesario tener en cuenta todos los sectores implicados, sus intereses y razones para querer o no querer una evaluación. La evaluación debe intentar reflejar todos los intereses e intentar limar al máximo las posibles incompatibilidades.

—*Creatividad*: hay muchas maneras de recoger información y de resolver situaciones evaluativas. Es importante que se barajen todas las posibilidades y se escoja la más adecuada y eficiente.

—*Continuidad*: el proceso evaluativo debe tener una continuidad, ya que los resultados de la evaluación son utilizados para mejorar o cambiar el programa que más tarde se volverá a evaluar para recibir de nuevo *feed-back* y así sucesivamente.

— *Realismo*: la evaluación debe ser ajustada al tiempo, recursos y energía de que se dispone. Muchas veces puede parecer interesante evaluar todos los aspectos de un programa, pero es posible que no se tenga tiempo, ni energía, ni recursos para hacerlo; más aún, es posible que no podamos utilizar toda la información que obtengamos de una sola vez. En cualquier caso, es necesario dar prioridad a los aspectos más relevantes para nuestra tarea y a los que de verdad podamos evaluar.

— *Participación*: este es un aspecto necesario en todos y cada uno de los momentos del proceso metodológico de animación sociocultural. Todos los implicados en el programa tienen algo que decir sobre el mismo. El proceso evolutivo debe llevarse a cabo de tal manera que se dé una participación de todos los sectores implicados.

4.3. Las razones de la evaluación

La evaluación puede ser utilizada en animación sociocultural principalmente por dos razones:

- Es una manera de recibir *feedback* sobre las intervenciones y los programas que se llevan a cabo, un *modo de mejorar y progresar*. Al fin y al cabo, la evaluación puede ser un *proceso de aprendizaje de la propia intervención*.
- Es una *responsabilidad social y política*, especialmente si las actividades llevadas a cabo se financian con fondos públicos, ya que el contribuyente tiene derecho a saber en qué y cómo se está empleando el dinero público.

Reconociendo que ambos roles de la evaluación son importantes, en este libro se ha optado por desarrollar únicamente el primero, pues, aunque también sean técnicos los que hayan de desarrollar ese segundo rol, es una responsabilidad más directamente política y más externa al propio proceso metodológico de animación sociocultural.

La propuesta metodológica que aquí se plantea propone una evaluación que tenga como rol principal el de *aprendizaje y mejora*, que sea una evaluación formativa y participativa y que sea consecuente y esté imbricada en el proceso metodológico planteado. Es decir, que sea una necesidad del propio proceso de análisis, planificación e intervención.

4. 4 Objetivos de la evaluación

El fin último de la evaluación es, pues, la mejora del programa, actividad o intervención. Para mejorar, dependiendo de las circunstancias específicas y de las características del programa, puede ser interesante conseguir uno o más de los siguientes objetivos:

- Medir el grado de idoneidad, eficacia o eficiencia de un programa.
  - *Idoneidad*: si se adecúa a la realidad y a lo que queremos conseguir.
  - *Eficacia*: si consigue lo que se había propuesto como meta (si ha cumplido los objetivos o produce el efecto deseado).
  - *Eficiencia*: cuánto de bien consigue lo que se había propuesto (cuánto tiempo y recursos han sido empleados).
- Facilitar el proceso de toma de decisiones del colectivo y sobre la intervención, la actividad o el programa.
- Fomentar un análisis prospectivo sobre cuáles y cómo deben ser las intervenciones futuras. Esto a su vez contribuye, en último término, al aprendizaje y conocimiento progresivo y acumulativo sobre modelos de intervención y metodología en la animación sociocultural.

5. La propuesta metodológica

Hasta ahora se han establecido las bases de un planteamiento metodológico: se ha hablado de la idea general de este planteamiento (el sentido de la evaluación), de las características necesarias de una buena evaluación y de las razones (los fines) y los objetivos de la evaluación en animación sociocultural.

A continuación se va a concretar más esta propuesta metodológica analizando los diferentes tipos de evaluación posibles, así como estableciendo unas bases que puedan resultar útiles para llevar a cabo un buen diseño de evaluación.

5. 1 Tipos de evaluación

• *Según el papel que cumple la evaluación*

La evaluación puede cumplir *dos papeles*: el *formativo* y el *sumativo*.

Una *evaluación formativa* hace un seguimiento del programa o actividad. Se puede considerar que esta evaluación es una parte integral del proceso de planificación y desarrollo de un programa y su función es ofrecer un *feedback* continuo que contribuya a la replanificación y el aprendizaje sobre la intervención, mientras ésta se está llevando a cabo. En general, la evaluación formativa cumple la función de ayudar a los implicados en el programa a mejorar y ajustar lo que se está haciendo.

La *evaluación de tipo sumativo* determina hasta qué punto los objetivos se cumplen o se producen determinados efectos no previstos; la evaluación se realiza una vez finalizado el programa. Valora el producto final, va más encaminada a la toma de decisiones y sirve como medio de controlar responsabilidades. Sirve, a su vez, para obtener una inforrnación que permita comparar los costes, el mérito y la valía de otros programas similares.

Como se ha mencionado más arriba, esta propuesta metodológica se va a centrar más en una evaluación de tipo formativo. Esto además es coherente con la idea de que la animación sociocultural pretende fomentar *procesos* de participación.

• *Según el contenido de la evaluación*

Según el contenido de la evaluación, se pueden diferenciar cuatro tipos: evaluación de necesidades, de diseño, de proceso y de resultados[1].

[1] Ya en 1969, Stuffebeam propone un modelo comprehensivo de evaluación al que denomina CIPP, conjunto de siglas para denominar estos cuatro tipos de evaluación: evaluación de contexto -necesidades-, del *input* -diseño-, de proceso y del producto -resultados.

Evaluación de necesidades

Esta evaluación se hace después de haber estudiado la realidad y es previa a la formulación del proyecto. Se evalúa el contexto y la realidad sobre la que se quiere intervenir y se realiza un diagnóstico de las necesidades de y con el grupo destinatario, para dirigir nuestra acción. Este tipo de evaluación coincide con el análisis de la realidad, que ya ha sido tratado previamente .

Esta evaluación sirve, sobre todo, para ayudar a desarrollar objetivos y para tomar decisiones sobre la planificación de la intervención. A su vez cumple la función de ofrecer una base que sirva para juzgar los resultados del programa.

Evaluación del diseño

Esta es una evaluación del diseño del programa, de su *coherencia* y su *aplicabilidad*. Puede cumplir una función de ayuda, a la hora de dar forma a propuestas y proyectos y formar decisiones sobre la estructuración de los mismos. Permite, además, obtener una base para juzgar cómo se está llevando a cabo el programa.

Las bases para este tipo de evaluación se pueden encontrar en los procesos de planificación y elaboración de proyectos también tratados anteriormente.

Evaluación del proceso y desarrollo del programa

Este tipo de evaluación sirve para *guiar el proceso de ejecución del programa*, de manera que se obtenga una información útil para realizar los *ajustes* convenientes mientras el programa se está llevando a cabo. Busca, pues, explicaciones de lo que pasa, de los *fallos* y los *cambios* que se producen.

Se puede realizar a traves de distintos "puntos de control" y tiene una función de *retroalimentación*, de ofrecer información que permita *mejorar y refinar el diseño* y la ejecución del programa. Esta información, además, puede ser útil posteriormente cuando se evalúen los resultados. Así, este tipo de evaluación de proceso pretende ir ajustándose mejor a la realidad y a los destinatarios a los que se dirige.

Evaluación de resultados

Describe y juzga los resultados de un programa de intervención, relacionándolos con los *objetivos* y las *necesidades*, para evaluar el mérito y valía del programa en su conjunto. Así, sirve para evaluar los *efectos* que ha producido el programa, no sólo los pretendidos y positivos, sino también los no buscados y negativos.

Se evalúa una vez finalizada la acción y facilita la toma de decisiones sobre la continuación, terminación o modificación del programa .

Los cuatro tipos de evaluación pueden ser importantes tanto desde el punto de vista formativo como desde el sumativo. En la tabla siguiente se relacionan entre sí distintos tipos de evaluación.

	Evaluación necesidades	**Evaluación de diseño**	**Evaluación de proceso**	**Evaluación de producto**
Evaluación Formativa (orientada a la toma de decisiones)	Guía para la elección de objetivos y el establecimiento de prioridades.	Guía para la elección de estrategias y procedimientos.	Guía para la ejecución.	Guía para la terminación, continuación o modificación.
Evaluación Sumativa (orientada a la asignación de responsabilidades)	Registro de objetivos y de las bases para su elección.	Registros de estrategias y procedimientos y bases para su elección.	Registro del proceso real.	Registro de lo conseguido y de las decisiones tomadas.

Fig. 7.3 Tipos de evaluación

(De Stufflebeam y Shrinkfield, *Evaluación sistemática*)

5.2. Diseño de la evaluación

La evaluación es un proceso lógico y racional, cuya realización conlleva una serie de fases de secuencia más o menos flexible.

Los *pasos* a tener en cuenta a la hora de llevar una evaluación a cabo son:

1. *Delimitación y conocimiento* de lo que queremos evaluar. Si estamos haciendo una evaluación de tipo formativo y de proceso, seguramente las personas que la llevan a cabo sean los integrantes del equipo base, con lo que poseerán un conocimiento amplio del programa. Aun así, es necesario poner en común no sólo lo que se evalúa, sino también los objetivos de la evaluación (en definitiva, conviene preguntarse de antemano para qué se va a utilizar la evaluación).

2. *Definición de las preguntas* que queremos contestar con la evaluación (definir cuáles son los aspectos que interesa evaluar). Es el paso más difícil, pero hay que delimitarlas bien e intentar especificarlas al máximo. Por ejemplo, no basta con formular una pregunta como: ¿Qué grado de participación ha habido? Es necesario especificar y poner en común lo que se entiende por participación en ese contexto o intervención concreta. Siguiendo este ejemplo y, tomando como referencias un curso de animación sociocultural, este grado de participación se podría especificar en:

- Asistencia.
- Intervenciones en la discusión que sean aportaciones útiles y positivas.
- Predisposición a participar activamente en las actividades y tareas propuestas por el coordinador o por el grupo (actitudes positivas o neutrales o actividades negativas pero razonadas y proponiendo alternativas).

- Planteamiento o propuesta de tareas, actividades y alternativas grupales (teniendo en cuenta al grupo y adquiriendo un compromiso posterior a ese planteamiento).

El éxito de una evaluación depende principalmente de este paso. Hay que establecer unas prioridades, ya que es muy posible que no podamos contestar a todo. ¿Qué es lo que más nos interesa saber? Para esta tarea de establecer prioridades de los aspectos interesantes a evaluar, se deben tener en cuenta los siguientes dos factores:

— Grado de incertidumbre sobre la pregunta que nos hacemos. ¿Cuánto sabemos sobre esa pregunta? Es posible que en algunos casos ya sepamos la contestación y no merezca la pena que se empleen esfuerzos en contestar algo que ya se sabe.

— Grado de influencia: se define como el peso (importancia) que tiene ese aspecto o pregunta en el proceso de toma de decisiones que afectan al programa.

Estos dos factores se pueden combinar en un cuadro de doble entrada que puede orientar a la hora de establecer dichas prioridades:

	Baja Incertidumbre	Alta Incertidumbre
Baja influencia	Sólo mantener canales abiertos para obtener información accesoria 4º	Se deben emplear esfuerzos 2º
Alta influencia	Se debe recoger información accesoria 3º	Máxima prioridad. Se deben emplear esfuerzos 1º

Fig. 7.4 Prioridades en la evaluación

Los números de cada casilla indican la prioridad de cada una de ellas.

3. Delimitación de la *evidencia o información que ya tenemos* y nos puede servir para contestar a nuestras preguntas.

4. Decisión acerca de cómo vamos a obtener *la información o evidencia que nos falta.*

5. Diseño de *instrumentos* que nos permitan obtener esa información. Sesiones de grupo, grupos de discusión, cuestionarios, entrevistas, observación, recopilación documental, etc.

6. *Recopilación* de información y datos.

7. *Análisis* de esos datos e información.

8. *Informe de evaluación*: es una manera de ordenar y tener presente todo lo que hemos ido descubriendo. Se deben separar los resultados de la interpretación de los mismos, así como de las recomendaciones (de esta manera, el lector puede observar cuál es el proceso lógico de la interpretación y, si no está de acuerdo, hacer su propia interpretación de los resultados). La presentación de este informe puede ser escrita o hablada. Lo importante es que los resultados de la evaluación lleguen a todos los implicados en el programa, para que se propicie al máximo la utilización de los mismos y la evaluación sea un esfuerzo que haya merecido la pena. Una idea es realizar distintos informes en función de los diferentes sectores implicados (se puede poner más énfasis en lo que más interesa a cada uno).

5.3 Criterios. ¿Qué se debe evaluar?

Cuando hablamos de criterios de la evaluación en animación sociocultural, estamos hablando de cuáles deben ser las preguntas que nos debemos formular a la hora de evaluar un programa o intervención.

Lo primero a tener en cuenta es saber qué es lo que queremos evaluar en términos generales. Ya hemos mencionado antes que la confusión de criterios es uno de los vicios de la práctica evaluativa. Tenemos que determinar *a priori* si lo que se quiere evaluar son los destinatarios del programa, sus necesidades, el diseño del programa, el desarrollo del mismo o los efectos que produce.

Aunque cada programa, actividad o intervención tiene sus propias características, se puede generalizar y hacer un listado de los aspectos generales -criterios- (que habría que especificar según cada caso) más importantes, siendo conscientes de que no es una lista cerrada.

Evaluación de necesidades

— ¿Quiénes *participan* en el análisis de la realidad?
— ¿Cuál es la *percepción social* y la *explicación* de la realidad por parte de los posibles implicados en el programa?
— ¿Hay diferencia entre el discurso *aparente* y el discurso *latente* sobre la realidad estudiada?

algo más sobre: **el modelo CIPP**

Stufflebeam, siguiendo su modelo CIPP (modelo comprehensivo de evaluación que incluye evaluación de Contexto, de Input, de Proceso y de Producto), habla en general de cuáles son los requisitos generales (lo que hay que evaluar) en cada tipo de evaluación.

- Contexto: necesidades, problemas, oportunidades y objetivos propuestos.
- Input: planes o programas alternativos, actividades del equipo base, calendario, equipamientos, recursos y presupuestos.
- Proceso: ejecución del proyecto o programa, nivel de participación de los destinatarios, grado de satisfacción.
- Producto: efectos y resultados que el programa ha producido, pretendidos y no buscados, positivos y negativos, inmediatos y a largo plazo.

Fig. 7.5

Evaluación del diseño

— ¿Existe una *coherencia* entre análisis de la realidad, objetivos generales, objetivos específicos, actividades y metodologías?

— ¿Responden los *objetivos* a las necesidades detectadas?

— ¿Son los objetivos congruentes con la "filosofía" de la organización o grupo que los formula?

— ¿Están los objetivos específicos bien formulados con respecto a los objetivos más generales?

— ¿Están los objetivos correctamente priorizados? ¿Responden esas prioridades a las necesidades reales?

— ¿Se corresponden las *actividades* a la jerarquización de objetivos?

— El planteamiento de la *metodología*, ¿es el adecuado para los objetivos y las actividades?

— ¿Existen o se preven los *recursos* necesarios?

Evaluación del proceso y desarrollo del programa

En cuanto al *programa* en general:

— ¿Se ejecuta el programa o actividad como se pretendía?

— ¿Cuáles son los puntos fuertes y los débiles de la actividad o programa?

— ¿Puede haber una mejora con las mismas condiciones y recursos? ¿Cuáles son los ajustes necesarios?

— ¿Qué factores confluyen para que el programa se esté desarrollando de esta manera?

Con respecto a los *participantes*:

— ¿Cómo llegan los participantes al programa?

— ¿Se llega al grupo de personas previsto?

— ¿Cómo evoluciona el grupo?

— ¿Se benefician todos los destinatarios de igual manera?

— ¿Qué grado de participación se consigue?

— ¿Qué grado de satisfacción se da?

Con respecto al *contenido/actividades y metodología*

— La importancia relativa concedida a cada actividad o sesión, ¿es la apropiada?

—¿Los métodos elegidos son empleados con la máxima eficacia?

En cuanto a los *recursos*:

— ¿Tenemos los recursos necesarios?
—¿Se utilizan los recursos —económicos, materiales, humanos—de una manera adecuada? ¿Se pueden explotar u optimizar mejor?

En cuanto al *equipo base*:

— ¿Funciona el equipo adecuadamente? ¿Cómo se funciona en las reuniones? ¿Son productivas?
— ¿Están bien organizadas y distribuidas las tareas?
— ¿Asume cada uno su responsabilidad?
— ¿Existen conflictos? ¿Se resuelven de manera constructiva?
— ¿Cómo se interacciona con los participantes?

Evaluación de resultados

— ¿Qué efectos positivos y negativos ha producido el *programa*?
— ¿Se han cubierto las necesidades reales de la población a la que va dirigido?
— ¿Hasta qué punto se han cumplido los objetivos?
— ¿Ha habido resultados inesperados?
— ¿Cuál es la relación entre los efectos a corto y largo plazo?
— ¿Se llegó al grupo de participantes previsto?
— ¿Se podría haber conseguido lo mismo por menos dinero, esfuerzo o tiempo, etc.?
— ¿Cuál es la valía de los costes (relación coste-beneficio)?
— ¿Funcionó el *equipo* base adecuadamente?

Es importante recalcar que es necesario preguntarse el *por qué* de las respuestas que obtengamos de cada pregunta. Esto es especialmente crucial en la evaluación del proceso, ya que es el paso que nos va a facilitar el planteamiento de alternativas o ajustes necesarios mientras el programa se está llevando a cabo.

5.4. Indicadores

Unido al concepto de evaluación se encuentra el concepto de indicadores. Este concepto ha sido utilizado, principalmente, en la evaluación de servicios sociales y se ha relacionado, casi siempre, con una evaluación de tipo cuantitativo.

Un indicador es una unidad de información que nos señala si un cierto criterio de evaluación se ha dado o no. Por ejemplo, algunos indicadores del grado de participación en un curso de animación sociocultural pueden ser: "n° de asistentes" y "n° de intervenciones" de tipo cuantitativo, "ha habido propuestas constructivas para el grupo", "hay predisposición a participar activamente en las actividades que se proponen", "todos intervienen en la discusión" de tipo cualitativo.

Muchas veces estos indicadores, cuantitativos o cualitativos, pueden ser útiles. Sin embargo, no se puede hacer una evaluación seria de un programa de animación sociocultural sólo a base de indicadores cuantitativos, ya que perderíamos una información muy valiosa -probablemente, la que más nos interese o resulte más significativa- que no puede ser reducida a términos numéricos.

En definitiva, formular indicadores puede ayudar a especificar los criterios o preguntas de evaluación; también a sistematizar la búsqueda de información. Sin embargo, se tendrá que contemplar otra información significativa que no se haya incluido en los indicadores. Por esta razón, en algunas situaciones evaluativas no conviene determinar indicadores previamente, ya que puede interesar afrontar la evaluación de la manera menos predeterminada posible (por ej: programas nuevos que se estén experimentando).

5.5. Instrumentos de evaluación. ¿Cómo se evalúa?

La evaluación consiste en una recogida sistemática de información focalizada en una serie de aspectos, posteriormente analizada y juzgada. Los instrumentos de evaluación pueden ser cualquier instrumento de recogida de información que se ajuste al tipo de información que queremos, a las circunstancias específicas de cada situación evaluativa y a los recursos y al tiempo disponible.

La idea de que la evaluación debe ser útil conecta con la necesidad de una flexibilidad metodológica; es decir, cada situación puede exigir o permitir la utilización de instrumentos o métodos muy distintos, y cualquiera puede ser válido, siempre y cuando nos dé una buena información para contestar los interrogantes planteados. La utilidad de una evaluación va a depender en gran medida de que los métodos utilizados sean los apropiados.

Los elementos a tener en cuenta en la elección de instrumentos de recogida de información son los siguientes:

- *Naturaleza de la información que se quiere obtener:* es distinto saber qué es lo que opina, siente o espera la gente, que lo que sabe o cómo se comporta. También es diferente si se quiere saber cómo siente o qué opina cada una de las personas (en ese caso emplearíamos métodos cualitativos individuales, como la entrevista), si nos interesa más cuántos de los participantes opinan algo en concreto o se comportan de una manera determinada (métodos cuantitativos anónimos como la encuesta o la observación estructurada), o si nos interesa cómo se comporta u opina un grupo (métodos como la discusión en grupo o la observación participante).

- *Razón por la que se hace la evaluación y destinatarios de la misma:* si la evaluación va a ser sólo utilizada por las personas más directamente implicadas en el programa (en este caso hay información o datos que se pueden obviar), es diferente a si la evaluación tiene que ser fácilmente interpretable y comprensible para alguien ajeno al programa. Por ejemplo, si se tiene que rendir cuentas a un político, es muy probable que haya que ofrecerle algunos datos cuantitativos, ya que estos van a ser los más útiles para ofrecer resultados y responder políticamente ante los organismos correspondientes.

UNA LISTA DE POSIBLES INDICADORES CUALITATIVOS (*)

1 - Se ha solucionado el problema

2 - Los participantes proponen seguir con la actividad

3 - Se ha incrementado la participación de otros años

4 - Ha servido como punto de partida para la creación de un grupo

5 - Ha dado resonancia a un colectivo ciudadano existente

6 - Se ha cubierto un campo sin trabajar hasta el momento

7 - Se ha incrementado la comunicación entre los distintos colectivos del pueblo

8 - Se ha realizado en colaboración con distintas instituciones

9 - Se ha realizado en colaboración con distintos colectivos ciudadanos

10 - Se ha conseguido la participación de un colectivo especialmente marginado o desfavorecido de la actividad cornunitaria

11 - Se ha conseguido manifestar una problemática hasta el momento latente

12 - Se ha conseguido una mayor confianza en el Equipo Base de intervención por parte de algún colectivo

13 - Se ha producido economía de recursos con los mismos resultados

14 - Se ha conseguido un conocimiento más aproximado de la realidad

15 - Ha servido para el replanteamiento de la actividad o programa

16 - Ha tenido repercusión a nivel social, en los medios de comunicación

17 - Se ha conseguido eliminar o disminuir una determinada situación de marginación concreta

18 - Se ha elaborado un dossier o material de documentación

(*) Lista propuesta por el Instituto de Asistencia y Servicios Sociales de la Diputación de Valencia

Fig. 7.6

• *Recursos humanos, técnicos y económicos disponibles*: hay que tener en cuenta desde cuánta gente disponible hay para observar o entrevistar, etc., hasta si tenemos grabadora para el grupo de discusión o disponemos de dinero para fotocopiar las encuestas.

• *Tiempo disponible*: hay que saber de cuánto tiempo se dispone, sin correr el riesgo de que la evaluación sea menos útil porque esté desfasada (por ejemplo, para evaluar las actividades de un centro de formación, hay que evaluar y obtener información cuando ya esté avanzado un curso, pero antes de que se programe el siguiente para introducir los cambios oportunos). Es posible, por ejemplo, que no nos dé tiempo a entrevistar a toda la gente interesada y haya que sustituirlo por un cuestionario y discusiones en grupo.

- *Momento en el que se encuentra el programa, actividad o grupo que se va a evaluar*: por ejemplo, una discusión en grupo nos va a dar resultados muy diferentes si el grupo al que vamos a evaluar está recién formado o si llevan ya tiempo funcionando.

Es probable que al evaluar un programa o intervención utilicemos más de un instrumento de recogida de información. En cualquier caso, es también una manera de validar los datos obtenidos o de complementarlos. Por ejemplo, si se quiere saber el grado de satisfacción de los participantes en el programa, es probable que interese hacer alguna discusión en grupo, alguna entrevista individual en profundidad y, si los participantes son muchos e interesa saber qué es lo que piensan todos sobre una serie de aspectos determinados, nos convendrá hacer una pequeña encuesta colectiva. A veces lo que va a dar claves para saber qué está ocurriendo y por qué ocurre, será la contradicción entre informaciones obtenidas con distintos instrumentos. En el apartado de técnicas, proponemos algunas que implican una(s) manera(s) de recoger y organizar la información.

En la tabla 7.7 se recogen algunos de los instrumentos básicos de recogida de información y algunas de sus aplicaciones.

Tipo de instrumento de recogida de información	Aplicaciones
• **Recopilación documental:** Se recaba información de documentos escritos.	Técnica básica que no interfiere en los procesos. En cualquier caso recomendable siempre y cuando se contraste la información con la utilización de otras técnicas.
• **Observación:** -Estructurada: se definen *a priori* las categorías que se van a observar. -No estructurada: no se definen de antemano categorías fijas a observar (participante). El observador es un participante más.	De interés cuando lo que se observa es algo concreto y se quiere que varios observadores focalicen su atención en una misma cosa. Interesante cuando el observador forma parte del proceso en el que los observados están implicados. Más subjetiva, más rica.
• **Entrevista:** -Estructurada: cada uno de los entrevistadores lleva un guión fijo con preguntas concretas para hacer. -Semiestructurada o no estructurada: se lleva un guión flexible de temas a tratar o no se lleva guión.	Conveniente cuando se utilizan varios entrevistadores y nos interesa saber lo que piensan el conjunto de los entrevistados sobre unos temas determinados. Oportuna cuando se sospecha que se puede obtener información interesante que no se tiene predeterminada.
• **Encuesta o cuestionario:** Permite recabar información sin la presencia de un experto y de mucha gente simultáneamente. -de preguntas cerradas: la respuesta se elige entre varias respuestas predeterminadas. -de preguntas abiertas: el encuestado contesta con sus propias palabras.	Más fácil de codificar cuando tenemos muchas respuestas. Buena para obtener porcentajes. Genera más información y permite que la gente se exprese en sus propios términos.
• **Grupo de discusión:** un grupo discute sobre un tema y luego se analiza el discurso.	Cuando nos interesa saber el discurso social latente.
• **Otras técnicas de grupo** (debates, tormenta de ideas, etc.).	Adaptables a cada situación. Fomentan la participación.
• **Escalas o instrumentos estandarizados:** son escalas o test ya preparados, como escalas de personalidad, diferencial semántico, etc.	Hay pocos elaborados que sirvan para la evaluación de procesos de animación. Hay que utilizarlos con cautela, sabiendo bien los límites que tienen y lo que significan los resultados.
• **Medidas no intrusivas:** son cualquier manera de recopilar información o medir sin que eso suponga intervenir para esa recopilación (Ej.: nº de libros que son prestados a una biblioteca pública).	Pueden ser siempre un apoyo a otras técnicas y normalmente no suponen un esfuerzo grande adicional. Suelen ser un buen recurso poco empleado por falta de imaginación.

Fig. 7.7 Algunos instrumentos básicos de recogida de información

5.6. Los protagonistas de la evaluación. ¿Quién debe evaluar?

La responsabilidad última de una evaluación de tipo formativo y de proceso (así como de la de necesidades y de diseño), recae principalmente en el *equipo base*. Cuando se habla de responsabilidad última, se hace referencia a que el equipo es el responsable de que se evalúe el programa en el que está trabajando y de que se implique, en esa evaluación, a las personas oportunas. Esto no debe ser incompatible con el hecho de que la información básica recogida provenga, principalmente, de los destinatarios del programa. Como ya se ha dicho antes, el proceso evaluativo ha de ser participativo en todo momento: los datos de la evaluación han de estar disponibles, para que todos los implicados en el programa puedan efectuar su propio análisis. Es más, una evaluación de tipo formativo cumple una función de aprendizaje y *feed-back* no sólo para el equipo base, sino también para los participantes en el programa.

En determinadas ocasiones, puede resultar interesante hacer evaluaciones de conjunto; esto requiere un esfuerzo y un tiempo adicional a lo habitual en la dinámica de un programa o servicio; en estos casos convendrá contar con la presencia de un evaluador o equipo evaluador externo. Aun así, el protagonismo del equipo base y de los participantes debe continuar asegurado.

5.7. Los tiempos de la evaluación

Como ya hemos dicho antes, la evaluación es una parte del proceso de planificación y debe ser planificada en sí misma, siempre considerándolo como un proceso flexible que se adapte a la realidad concreta que se evalúa.

Dependiendo de las preguntas y la información que se desee obtener, se intervendrá en un momento u otro:

1. Antes de comenzar la actividad

Haciendo una evaluación de necesidades y una evaluación del diseño, antes de poner el programa en funcionamiento.

2. Durante la actividad

Se puede contestar a diferentes preguntas durante la actividad para ir corrigiendo y perfeccionando la actuación sobre la marcha. Esto se adecúa al rol formativo de la evaluación.

3. Inmediatamente después de la actividad

La valoración se hace cuando la actividad ha terminado, incorporando la información y los datos que se recogieron, mientras la actividad estaba en marcha; este solapamiento de tiempos, refuerza la conveniencia de planificar la evaluación con antelación.

Este tipo de evaluación se adecúa al rol sumativo de la evaluación, aunque puede también tener un carácter formativo, si la actividad se repite sistemáticamente (por ejemplo: curso de monitores de tiempo libre, campamentos organizados por una misma institución o grupo, etc.).

4. Cierto tiempo después de que la actividad haya sido llevada a cabo

Se refiere a lo que normalmente se denomina "seguimiento"; dependiendo de la actividad, puede interesar conocer cuáles son los efectos a largo plazo y su diferencia con los efectos a corto. Este tipo de evaluación requiere tener cierta información del momento en el que la actividad se llevó a cabo.

6. Técnicas

Aquí se ofrecen algunas técnicas que sirven, sobre todo, para evaluar procesos en los que un grupo es protagonista. En cualquier caso pueden ser guías o maneras de organizar la información de cualquier otra evaluación.

6. 1. Valoración-Explicación-Aplicación

Ya se mencionó al principio del capítulo uno de los vicios de los procesos de evaluación: equiparar estos a una simple valoración de los hechos, sin preguntarse el por qué ni presentar alternativas. Esto es contrario al concepto de evaluación que aquí se ha venido desarrollando, que implica necesariamente la idea de evaluar para mejorar, es decir, cambiar cosas para progresar o ajustarse a las nuevas necesidades.

Esto es especialmente importante cuando lo que se evalúa son procesos de grupo. Los grupos, al hacer una evaluación de sí mismos o de la tarea en la que están inmersos, tienden a quedarse en la simple valoración, normalmente egocéntrica. Cuando se evalúan procesos, es crucial preguntarse este "por qué" de las valoraciónes, ya que es lo que nos va a ayudar a plantear alternativas y a poder aplicar la evaluación.

Una forma de recordar estos pasos es el siguiente cuadro, que sirve para organizar la información obtenida durante el proceso evaluativo y extraer conclusiones. Es útil también para evaluar en una sesión de grupo, a través de una discusión, y sacar partido de situaciones evaluativas grupales.

Los pasos para utilizar este cuadro serían los siguientes:

1. Definición de criterios o preguntas evaluativas. De aquí se obtendrán las dimensiones a evaluar.
2. Valoración de cada una de las dimensiones a evaluar.
3. Explicación de las valoraciones que se hacen. Contestar al porqué de cada valoración.
4. Presentación de alternativas o propuestas de cambio, continuidad o reforzamiento. Este último paso facilita la aplicación de los resultados de la evaluación.

Como ya se ha dicho antes, esta técnica es especialmente recomendable en sesiones grupales. Sin embargo, puede ser válida para organizar la información de cualquier tipo de evaluación; una vez definidos los criterios a evaluar se colocan en la columna de la izquierda, y el resto de las columnas se rellenan a medida que avanza el proceso evaluativo.

TECNICAS APLICADAS A LA EVALUACION

Ficha del proceso de evaluación **T. 7.1**

Dimensión a evaluar	Valoración ¿Qué?	Explicación ¿Por qué?	Aplicación Alternativas

6. 2. El juicio

Esta técnica parte de la simulación de un juicio. Este ha de prepararse con anterioridad, estableciendo dos grupos opuestos (uno a favor y otro en contra de lo que se está evaluando), así como un equipo de jueces imparciales que dirigen y coordinan la audiencia (aunque el dictamen final pueda ser realizado por toda ella).

Es posible que la gente implicada en el programa o actividad a evaluar tenga cosas tanto negativas como positivas que decir; en este caso los que actúen en la parte fiscal van a tener que reparar en lo negativo y los de la parte defensora en defenderse de las acusaciones y en demostrar lo positivo. En cierto modo, se va a utilizar parte de la técnica del *role-playing*.

Algunos de los procedimientos son:

- Las reglas del juicio son flexibles pero deben estar predeterminadas por los directores de la audiencia y las dos partes implicadas.
- Los directores del juicio (equipo de jueces) son los que deciden si una información es relevante o no.
- Puede haber testigos a los que se les puede interrogar.
- También se puede llamar a declarar a "expertos" en la materia que se está evaluando.
- Asimismo, pueden participar otros grupos interesados o implicados en el programa evaluado.
- Puede pedirse a la parte que actúa como fiscal que informe previamente a la parte defensora de los cargos que se le imputan, teniendo derecho a admitir por anticipado ciertos cargos y a recusar otros (esto es útil para no emplear el juicio en demostrar lo que todos ya sabemos).

TECNICAS APLICADAS A LA EVALUACION

El juicio **T. 7.2**

Pasos a seguir:

1. PROPUESTA de los problemas o criterios a enjuiciar.

2. SELECCION de los problemas (se establecen prioridades) y de las partes opuestas así como el equipo de jueces.

3. PREPARACION de los argumentos formales:
• Se desarrollan los aspectos específicos del enfrentamiento.
Cada equipo estudia los criterios a evaluar.
• Se estudian documentos y datos para utilizarlos como argumentos.

4. LA AUDIENCIA
• **Sesión previa:** los dos equipos examinan sus argumentos y junto con el equipo de jueces se desarrollan las normas y procedimientos de la audiencia.
• **Audiencia:** puede constar de más de una sesión. Tras la presentación de los argumentos y los interrogatorios, el jurado delibera o recomienda.

(Basado en el Modelo Judicial de Wolf en STUFFLEBEAM y SHRINKFIELD, *Evaluación Sistemática*)

Ventajas

— Disminuye la tendenciosidad inconsciente, ya que se valora lo negativo y lo positivo.

— Se promueve una gran implicación del grupo(s) de interesados.

— Se profundiza en la información y en la causa de las valoraciones.

— No es incompatible con que se den otras actividades evaluativas antes o después del juicio. No debe sustituir a las planificaciones de recogida y análisis de datos de una evaluación más amplia.

— La calidad de la información es muy alta, ya que todas las afirmaciones son probadas.

— Permite que mucha gente exprese su punto de vista.

— La información puede tener mucho alcance por el número de personas implicadas en la actividad.

Limitaciones

— Se requiere bastante tiempo de preparación y costes altos, ya que se debe contar con mucha gente para su realización.

— No siempre hay diversidad de opiniones.

— El juicio en sí mismo, es decir, la actuación del mismo, se puede convertir en algo más importante que el contenido.

— Puede depender de la habilidad de cada parte contrincante que el lado positivo o el lado negativo sea el más atractivo.

6.3. Matrices de evaluación

Esta es otra forma de recopilar y organizar información útil para una evaluación. Esta técnica está basada en la idea de que ya que toda evaluación implica necesariamente una emision de juicios sobre lo que se evalúa, estos no deben emitirse sin tener en cuenta la explicación de los hechos o datos que nos inducen a juzgar de una manera u otra.

Consiste en desarrollar tres tipos de matrices en las que se recopilan y organizan otros tantos tipos distintos de datos:

• *Matriz de descripción*: en esta matriz se contemplan dos columnas en las que se incluye la siguiente información:

- *1ª columna*: las intenciones, lo que se pretende y planifica. Aquí se debe tener en cuenta no sólo los objetivos explícitos, sino también los implícitos, así como las variaciones que estos hayan sufrido a lo largo del programa.

• *2ª columna*: las observaciones, lo que realmente ocurre y se puede observar.

• *Matriz de explicación:* en esta segunda matriz se hace un análisis del grado de congruencia entre lo pretendido y lo observado. Siempre va a haber una diferencia entre ambos aspectos; lo que se trata de analizar es cuál es su embergadura y los porqués de la misma. Si se para sólo en analizar el hecho de la diferencia, es posible que se caiga en el error de mirar sólo lo negativo del programa, cuando probablemente existirán aspectos que hayan resultado positivos, incluso aunque no estuviera contemplado en los objetivos iniciales del programa. Esta es la razón de que en la matriz de explicación se incluyan columnas en las que se reflejan no sólo los errores a cambiar, sino los aciertos a potenciar. Estos errores y aciertos son los que van a explicar las causas y el grado de diferencia entre las intenciones y lo observado.

- *1ª columna:* grado de diferencia entre lo pretendido y lo observado.
- *2ª columna:* se enumeran los errores. Estos errores van a ser las posibles causas de esa diferencia.
- *3ª columna:* se trata de dar una alternativa a esos errores. Se trata de ver qué es lo que hay que cambiar.
- *4ª columna:* se enumeran los aciertos del programa, en el sentido de que contribuyen a que la diferencia entre lo intencionado y lo observado sea pequeña y, también, por lo que de inesperado puedan tener y que conviene potenciar.
- *5ª columna:* en ésta se resalta lo que se cree conveniente potenciar de esos aciertos.

• *Matriz de juicio*: en esta matriz se pretende recopilar la información relacionada con la emisión de juicios sobre el programa que se está evaluando. Esta información se recoge en dos columnas:

- *1ª columna:* se enumeran las normas que se van a utilizar para emitir los juicios. Las normas son los criterios explícitos para valorar la calidad de un programa. Hay dos tipos de normas:
  — *Absolutas*: vienen dadas por las convicciones personales de los profesionales implicados en la evaluación, sobre lo que es bueno o deseable para un programa.

También pueden venir dadas por lo que se ha escrito sobre el tema —la literatura existente—.

— *Relativas*: vienen dadas por las características de programas similares que se consideran satisfactorios. En este tipo de normas también hay que tener en cuenta el análisis de la realidad en la que está inmersa el programa evaluado, así como las condiciones en las que dicho programa se ha llevado a cabo.

- *2ª columna*: se realizan y enumeran las valoraciones o juicios sobre el programa en general y sobre cada uno de sus aspectos, en particular.

El valor de esta técnica radica en la organización que realiza de una cantidad de información considerable con respecto al programa. A su vez, y como ya se ha mencionado, no permite que se hagan las valoraciones finales sin haber contemplado antes la explicación de los hechos y la proposición de alternativas.

Su desventaja está en la complejidad que conlleva la organización de todos esos datos. Por esta razón es una técnica más adecuada para las evaluaciones que, o bien se realizan desde el equipo base, o bien desde un equipo de evaluadores externos no implicados directamente en el programa.

TECNICAS APLICADAS A LA PLANIFICACION

Matrices de evaluación — T. 7.3

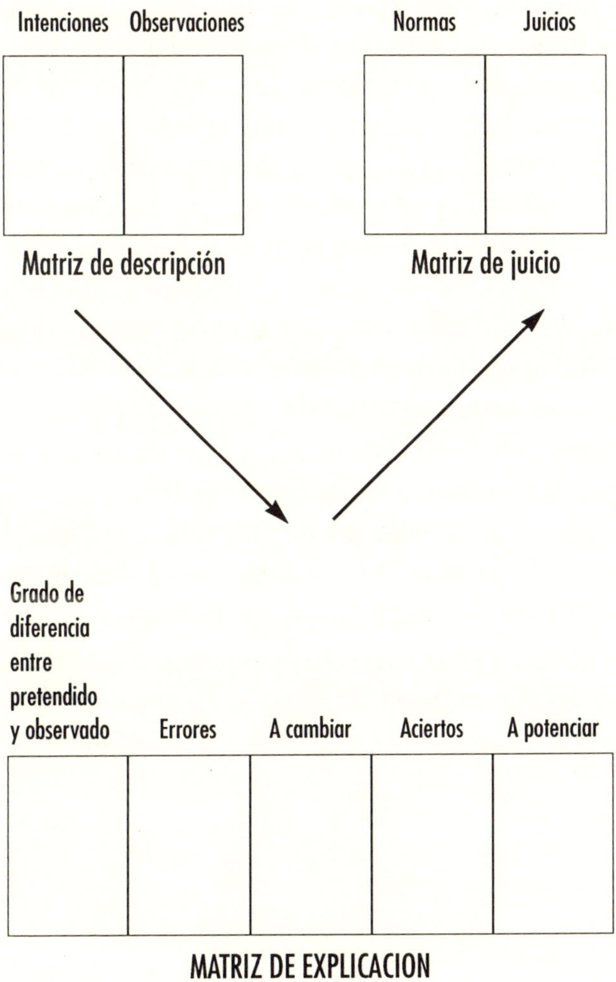

7. En resumen

La evaluación es un proceso de recogida sistemática de información que, en su aplicación, no sólo va a ayudar a valorar sino también, y sobre todo, a mejorar lo que se está evaluando.

El criterio más importante que debe seguir una evaluación es el de utilidad, es decir, que sirva para algo y que haya seguridad de que se va aplicar lo que se ha aprendido de ella. Para esto la evaluación debe cumplir una serie de condiciones -flexibilidad metodológica, capacidad de respuesta, sensibilidad social, creatividad, participación, continuidad, temporalidad, realismo-y no utilizarse como en muchas ocasiones se hace para cubrir el expediente-, reduciéndola exclusivamente a valorar, cuantificar o recopilar datos compulsivamente, teniendo en cuenta a sólo una parte de los implicados, confundiendo niveles o interpretando los criterios heterogéneamente.

La propuesta metodológica aquí expresada establece distintos tipos de evaluación y sugiere un modelo que da especial importancia a la formulación de preguntas o criterios de evaluación, y a la contestación de las mismas a través de indicadores e instrumentos de recogida de información.

Por último, se han sugerido tres técnicas distintas que pueden ser útiles para recopilar, organizar y generar información para realizar evaluaciones de procesos socioculturales.

Capítulo VIII

Tecnología y animación

En este capítulo vas a encontrar:

- Una breve reflexión sobre lo que suponen las nuevas tecnologías en la sociedad actual.
- Una exploración de posibilidades de aplicación en campos relacionados con la animación.
- Algunas sugerencias para aplicar la tecnología actual en la metodología de la animación sociocultural.

1. Introducción

Este capítulo es más una exploración, una tormenta de ideas, sobre las posibilidades de aplicación de la tecnología actual de la animación sociocultural, que una explicación de cómo ha de hacerse. Pretende ser un estímulo para la utilización y el conocimiento de los medios técnicos que ya se disponen, a sabiendas de las muchas resistencias que todavía hoy provoca este tema en el mundo de la animación. Como tal exploración, sólo avanza lo que puede llegar a ser el uso de la tecnología en la animación. La rapidez con que se produce el avance en este terreno nos invita a pensar que todavía surgirán otras muchas posibilidades hoy vetadas a nuestra imaginación. Tarea colectiva será sacar provecho, inventar nuevas aplicaciones, poner en marcha iniciativas, ayudándose con los múltiples medios técnicos que, cada vez más, son accesibles a una buena parte de la población.

2. Las nuevas tecnologías y la organización social contemporánea

En las últimas décadas se ha operado un cambio que comienza en la investigación punta de la industria militar, posteriormente se expande al resto del proceso productivo, salta al discurso político y a los planes de los gobiernos. En la actualidad abarca la práctica totalidad de los campos del quehacer humano. Es el hecho de las "nuevas tecnologías". Por ser ya parte importante del consumo a gran escala, está dejando de ser "nueva", para conformar un pilar importante y cotidiano del producto económico y social.

El importante tirón en la investigación de la industria militar, como consecuencia de la guerra fría entre los dos bloques militares, junto con la necesidad del capital de abaratar los costes de producción -invirtiendo en bienes de equipo y relegando la fuerza de trabajo- ha situado las nuevas tecnologías a la cabeza del proceso productivo y, como consecuencia de ello, de una buena parte del resto de los procesos sociales.

La aplicación masiva de las nuevas tecnologías está operando cambios y operará aún más en todos los órdenes sociales.

Tal es el caso de la organización del mundo laboral. Profesiones que van a desaparecer o modificarse radicalmente al incorporarse los equipos informáticos; la evolución de las grandes cadenas de montaje que irán dejando paso a multitud de empresas operando en los lugares más dispersos del globo; el trabajo a distancia y la consecuente repercusión en la organización sindical; la flexibilidad de los horarios y la disminución del tiempo de trabajo; la creación de nuevas profesiones, como los creadores de *software*, analistas de sistemas, diseñadores de equipos, nuevos tipos de *consulting*, etc. Todo ello acompañado de un desplazamiento de la fuerza del trabajo, que irá a aumentar las cifras del desempleo, incrementando y modificando el significado del tiempo de ocio, engrosando también otros sectores del sistema económico, como son los nuevos servicios y entre ellos la industria cultural.

En el tiempo de ocio, partiendo del dato de su aumento progresivo -al menos para una parte importante de la población- y teniendo en cuenta que el sistema productivo ya ha puesto en él su objetivo, encontraremos también grandes cambios, algunos de los cuales ya se pueden observar desde los ultimos años: el vídeo-fin de semana, los juegos electrónicos, los grandes espectáculos de la técnica, la organización de las agencias de viajes -que aún no han hecho más que empezar- los gimnasios informatizados, las bibliotecas a distancia en base de datos, etc.

Se incrementará y diversificará de forma significativa la oferta de consumo para el tiempo de ocio. En algunos casos permitiendo la participación e interacción del usuario y consumidor, añadiéndole un componente didáctico y de aprendizaje, o dándole un componente de sello individualizado y personal. En otros casos el consumidor será mero sujeto pasivo, receptor de imágenes, mensajes y espectáculo, sin moverse de casa, e incluso sin moverse del sofá.

También está cambiando la configuración del consumo, con las compras a distancia, las tarjetas de crédito, el dinero "electrónico", los avances en la investigación de mercados y el *marketing* comercial -en los que se ha incrementado de forma espectacular la cantidad, la velocidad y el procesamiento de la información- con un mercado donde la propia tecnología es objeto masivo de consumo, con la informatización de la vida doméstica, las cocinas "programadas", los juegos infantiles, la mesa tecnológica de trabajo, etc.

No podía escapar esta oportunidad del acelerado avance de la técnica, a las fórmulas de control social como es el caso de los censos informatizados a los que se irán añadiendo datos e interconectando sistemas para obtener una información "integral" del individuo, las grabaciones de las manifestaciones públicas, el control y la restricción de las comunicaciones, el *marketing* político y social, etc.

Evoluciona también y evolucionará aún más el sector financiero, las comunicaciones a gran escala, la genética, la sanidad, la energía, la agricultura, la organización de empresas, la propia administración, y tantos otros campos que se escapan al alcance de este libro.

Lo cierto es que el fenómeno de las nuevas tecnologías es sólo el principio de un hecho irreversible en la organización social contemporánea. Motor del sistema productivo, reorganizador del mundo laboral, del tiempo de ocio y del consumo, del sistema de comunicaciones: las nuevas tecnologías son tambien, en sí mismas, mercancía, información, poder, signo y mito de una época. Epoca en la que el cambio es la constante y la velocidad es el criterio de progreso. Epoca en la que se abren cada vez más grietas entre los que tienen y mueven "los hilos", y los que son sometidos a ellos.

3. La animación sociocultural y el uso de la tecnología

La cuestión que se plantea en la animación sociocultural -al menos desde una perspectiva metodológica- es su posición ante el fenómeno de las tecnologías; el uso que puede hacer de éstas y en qué medida desvirtúa o mejora sus planteamientos de partida; y qué utilidad pueden tener en el campo de la animación, a sabiendas de que el tipo de destinatarios con los que ésta trabaja es con frecuencia la clase social más desfavorecida, una clase social que hasta el momento permanece al margen de este nuevo espectáculo, y en el que sólo participa como entretenimiento u objeto de consumo, espectador pasivo de algo que no entiende salvo en alguna de sus terminales.

Existen ya algunos intentos, tanto en la información como en la adquisición de equipos, con más éxito en el área de las comunicaciones (radios locales especialmente) que en el uso de la informática, todavía hoy infrautilizada y un tanto descabalada (equipos sin apenas uso y personas sin conocimiento de sus posibilidades). Sin embargo, a pesar de los intentos iniciales, puede afirmarse que la animación sociocultural, en sus diferentes variantes, no ha asumido por el momento las grandes posibilidades que la tecnología ofrece. Una tecnología que no ha sido diseñada pensando en la animación ni en los destinatarios de la misma y que, sin embargo, por su enorme versatilidad, puede resultar especialmente útil.

3.1. Los campos de aplicación

A. La información

El aprovechamiento de la técnica puede introducir cambios significativos en cuanto a la generación y uso de la información, tanto en la cantidad, como en la distribución, la velocidad, la manejabilidad y en el tipo de soporte.

Con los medios técnicos ya disponibles se podrá almacenar mucha más información en menor espacio (microdisks, microfilms, disco duro, compact, etc). Se podrá facilitar el acceso a la información que se genera conectando los terminales a la red (ordenador, vídeo-tex, telefax, etc.) y a los bancos de datos, tanto los generales como los especializados que existen y los que se vayan creando. No serán necesarios los molestos paseos para mirar el BOE ni a la biblioteca central (a no ser que uno quiera ir por cuestión de ambiente) . Ya es reto del mundo de la animación y de las asociaciones ir creando sus propios bancos de datos que faciliten técnicas, contactos, extractos, documentales, etc. Tarea de las organizaciones de base será realizar bases de datos alternativos, que permitan obtener información rápida tanto de las casas deshabitadas como de las ocupadas, información de todos los colectivos alternativos, sus actividades y posibilidades, de los lugares que necesitan protección, los artesanos de la comarca, la organización de ferias alternativas... que permitan ir creando una memoria colectiva al servicio de las organizaciones y personas implicadas.

Información que podrá recogerse y enviarse a *cualquier parte del mundo,* en espera de que bajen los costes en comunicaciones (como está ocurriendo en el resto de equipos y aparatos) con la llegada de los nuevos conductores. Se podrá recibir información fácilmente de las diferentes experiencias, ya sean holandesas, portuguesas o latinoamericanas, sin necesidad de ser resumidas y mediatizadas por los medios de comunicación de masas, eliminando los costes de desplazamiento y dejando estos para el encuentro auténticamente humano.

Información que será más *rápida,* permitiendo entregar los proyectos a tiempo, preparar un acontecimiento imprevisto o reaccionar de forma inmediata.

Cuanto más complejos se van haciendo los sistemas de organización de la información, más faciles y *manejables* podrán convertirse para los diferentes colectivos y personas que los utilizan. Una buena organización de la información permite una mejor búsqueda, selección y recuperación de la misma, para evitar almacenes inútiles que tanto trabajo llevan en su realización. Las nuevas fórmulas interactivas con la información facilitan la búsqueda inteligente, la comprensión de su organización y el manejo de los datos por muchos que estos sean.

Información que podrá guardarse, recuperarse y transmitirse *en diferentes soportes* ya sea de imágenes estáticas, como dinámicas, sonido, texto, etc. Todo ello por ondas, cintas electromagnéticas, papel o por cable, soportes y códigos que a su vez serán más fácilmente convertibles entre sí.

Cambiarán así nuestros centros de información y recursos, los archivos de la asociación, las mesas de trabajo, la oficina de la SAL, las carpetas de las jornadas y congresos, los bibliobuses, los buzones y posiblemente las cabinas telefónicas.

B. El aprendizaje

El aprendizaje de las posibilidades descritas en cuanto al uso de la tecnología en la información son aplicables directamente al aprendizaje, actividad que es una de las claves en los procesos de animación sociocultural.

El uso de *mensajes integrados* con los diferentes soportes y lenguajes (imagen, sonido, texto, palabra, etc.) facilita la interpretación del mundo, el mejor dominio del tiempo y la distancia. Bien es sabido que aquello que se escucha y se ve, se aprende mejor que lo que sólo se escucha. De la misma manera que se montan los centros de interpretación de la naturaleza, con los ciclos anuales, los enfoques sistémicos, los 12.000 sonidos del bosque, los perfumes de otoño, las especies protegidas, el juego del agua y la irrupción de la central térmica; se podrán montar también los centros de interpretación del barrio y de la comunidad, con sus formas, los puntos de encuentro, la historia, las estructuras, sus relaciones, las diferentes lecturas, sus diferentes posibilidades. Los mensajes integrados facilitan la comprensión del entorno, acercan el mundo, mejoran el entendimiento de sus leyes y mecanismos, y lo convierten en una actividad más atractiva.

La posibilidad de *interacción* con la imagen y el resto de soportes permite su modificación, manipulación, análisis, reconstrucción, meterse en ellos, actuar, quedando lejos la mera recepción, repetición y reproducción de los mensajes. Tenemos la posibilidad de controlar el medio en lugar de ser controlados por él. La tecnología puede ponerse al servicio de la pedagogía activa, del aprendizaje colectivo.

Se pueden mejorar sustancialmente los mecanismos de *feedback* para hacer más preciso y riguroso el aprendizaje, para el diseño más personalizado, facilitando también el aprendizaje escolar, tan necesario para la asimilación y elaboración de saberes encadenados (aprendizajes lógicos, sintaxis, estrategia, razonamiento y argumentación), campos todos ellos que dan fuerza a la palabra y al razonamiento colectivo y, por consiguiente, al comportamiento social, a la potencia social.

El avance en los mecanismos de *simulación* permitirán el aprendizaje de situaciones de mayor riesgo sin la necesidad de someterse a ellos, salvo cuando sea estrictamente necesario. Tal es el caso del entrenamiento en habilidades sociales (o alfabetización social) en las que es posible simular y resolver situaciones de conflicto, de búsqueda de trabajo, comportamiento con grupos, modelos de organización de base, análisis de control social.

Aprendizajes poco usuales en el mundo de la animación, pero que sería necesario ir incorporándolos en la medida que se pretenda mejorar el rendimiento de los colectivos, organizaciones y personas en relación social y en conflicto social.

Con estas herramientas y algunos ingredientes más, tal vez sea más fácil realizar una educación permanente más adaptada a la realidad cambiante, organizar seminarios de autoformación a distancia, montar cursos especializados "especiales", motivar en el aprendizaje, reciclar los métodos de "reciclaje", construir y recrearse en una cultura viva, dinámica y fértil.

C. La comunicación

Los avances en el área de las comunicaciones son de todos conocidos: las comunicaciones vía satélite, las televisiones de alta definición, la posibilidad de seleccionar entre cuarenta canales, las revistas en formato de ordenador, etc. Es sin embargo menos corriente el análisis de las posibilidades de la comunicación al servicio de la animación sociocultural, de las orga-

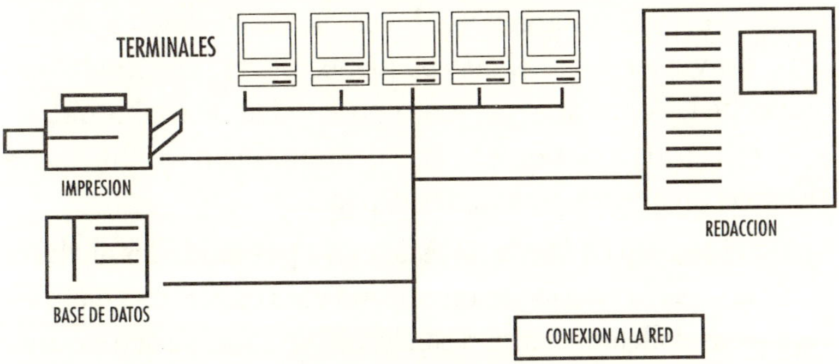

Fig.8.1 El periódico comarcal

nizaciones de base y de las realizaciones alternativas. Una buena parte de los avances en materia de comunicación han conseguido que haya más y mejores receptores de mensajes, más entretenidos y más dociles; ha mejorado el espectáculo, los recursos y la seducción.

Hay, sin embargo, una serie de condiciones tales como el abaratamiento de los equipos, la popularización de los aparatos tecnológicos, la progresiva disminución de tamaños -y en con secuencia la facilidad de transporte-, la mejor manejabilidad, la incorporación entusiasta de los sectores más jóvenes de la población, etc. Condiciones -derivadas de las características de la particular lógica de este mercado- que van a permitir, no sin la correspondiente resistencia, dejar de ser meros receptores.

La animación ha de aprovechar estas condiciones y convertir las organizaciones, asociaciones de base e iniciativas sociales en centros *emisores de mensajes,* multiplicar las tribunas y los auditorios concretos, interconectar experiencias, crear redes alternativas de comunicación, tomar la palabra, elevar el volumen, sintonizar con otra sensibilidad

Los primeros pasos ya están dados, como es el caso de las emisoras de radio, que se extienden cada vez más en pueblos y barrios, los canales locales de televisión que sortean a duras penas el estrecho margen legal. Pero se podrá llegar a mucho más, convirtiendo a los más pequeños pueblos en auténticas aldeas de la comunicación, con la posibilidad de recibir mensajes y enviarlos a cualquier parte del mundo en los diferentes sistemas (imágenes, sonido, texto, papel...).

En el terreno de la edición existen ya posibilidades al alcance de una pequeña asociación cultural para editar sus boletines, memorias, folletos y carteles con tecnología que hasta hace muy poco tiempo era patrimonio exclusivo de las grandes editoras (maquetación por ordenador, digitalización de fotografías, recepción en columna de las crónicas, etc.). Se pueden montar con facilidad periódicos comarcales y locales, evitando el latoso trabajo de escribir cada crónica tres veces, los múltiples paseos a la imprenta y, sobre todo, disminuyendo el tiempo significativamente, desde que se escribe hasta que aparece en la calle.

La propia infraestructura informática del periódico comarcal puede servir a otros usos dada su excepcional versatilidad. Así puede utilizarse para la gestión de los asuntos de la mancomunidad, el centro de información y recursos, la coordinadora cultural, el seminario comarcal de nuevas iniciativas, la biblioteca, la bolsa de trabajo, etc.

Se podrán realizar también encuentros, jornadas y congresos sin la necesidad de desplazarse del lugar de residencia habitual, a través de redes de multipantalla, pudiéndose convocar reuniones mucho más frecuentes cuando éstas sean necesarias y no cuando los transportes lo permitan.

Es claro que la animación sociocultural, que pretende entre otras cosas, conectar, organizar, crear redes sociales y fortalecer el tejido social, no puede permanecer al margen de los avances que se están produciendo en el campo de las comunicaciones, sin que por ello haya que prescindir del encuentro en la plaza, la comunicación *vis-á-vis*, el bando municipal y la asamblea al atardecer.

D. El arte y la expresión

La tecnología puede facilitar la comprensión, la divulgación y el estudio del arte en sus modalidades clásicas. Puede servir de soporte en el teatro, el cine, el vídeo, la fotograffa, la música, actividades que han hecho aparecer multitud de talleres, estudios y cursos. Permite también las creaciones multimodales, donde los diferentes elementos forman una relación sintáctica, para conseguir una mayor fuerza en la expresión artística. Las nuevas tecnologías van a hacer surgir nuevas fórmulas de expresión artísticas, como es el caso de los vídeo-clips, las holografías, el diseño asistido por ordenador y la animación de imágenes.

El uso de recursos técnicos avanzados en estos campos ya no tiene por qué ser sólo patrimonio de los grandes montajes; estos pueden ponerse a disposición de los pequeños colectivos y grupos que día a día investigan y ensayan nuevas fórmulas en los barrios y pueblos. A través de los centros de recursos, los equipamientos municipales, o las federaciones de asociaciones, pueden hacerse más asequibles y más rentables.

La cultura popular puede servirse de una gran variedad de instrumentos técnicos para mejorar la calidad de sus mensajes, para presentar y comunicar sus realizaciones. No tiene por qué prescindir de los signos de los tiempos que corren si siempre ha sido expresión de una forma de vivir la historia.

3.2. Aplicaciones en la metodología

Existen ya numerosos instrumentos que pueden facilitar las tareas metodológicas de los agentes sociales, animadores y asociaciones. Es previsible, sin embargo, que el estado actual de posibilidades sólo sea el comienzo de una avalancha de nuevos recursos que -utilizados sin olvidar el para qué sirven- puedan hacer más grato y eficaz el trabajo en animación sociocultural.

En el análisis de la realidad pueden utilizarse archivos informáticos que permiten almacenar mayor cantidad de información y, sobre todo, facilitan extremadamente su búsqueda y recuperación. Las bases de datos posibilitan la clasificación tanto de textos como de gráficos, imágenes, números, fechas. Su utilización no se reduce a la tarea de diagnóstico, sino que luego estos datos se pueden utilizar para estudiar una distribución, hacer una convocatoria, elaborar un proyecto, resolver una consulta, diseñar una estrategia o redactar un informe. Para el tratamiento de la información cuantitativa se disponen de numerosos artefactos estadísticos que son capaces de realizar análisis multivariables, antes sumamente complejos y laboriosos de realizar y hoy más fácil con la ayuda de los ordenadores. Para los análisis cualitativos se hace ya imprescindible la utilización de procesadores de textos, que ahorran gran cantidad de tiempo y hacen más cómodo el trabajo.

En la planificación se disponen ya de programas que ayudan en la tarea de calendarización, presupuestación flexible, distribución de trabajos y control de realizaciones. Las bases de datos facilitarán la toma de decisiones, el recuento de recursos disponibles y la recuperación de información de lo que puede ser memoria colectiva para la planificación. Se pueden realizar planificaciones a distancia con la utilización del sistema Delphos por conexión informática, en lugar de hacerlo por correo como venía siendo hasta ahora. También puede mejorarse el diseño y la puesta en acción de las evaluaciones, permitiendo que en alguno de sus aspectos sea automática y contitinua, a condición de que se haya realizado un buen planteamiento de partida.

Para los diferentes tipos de reuniones se dispone ya de una tecnología que las hará más eficientes, amenas y variadas. Tal es el caso de los retroproyectores, los sistemas de multivision, la proyección del monitor del ordenador en pantalla grande (pizarras informáticas) que nos permitirán realizar tormentas de ideas, cada uno desde su terminal al margen de que estemos físicamente presentes o a muchos kilómetros de distancia. La

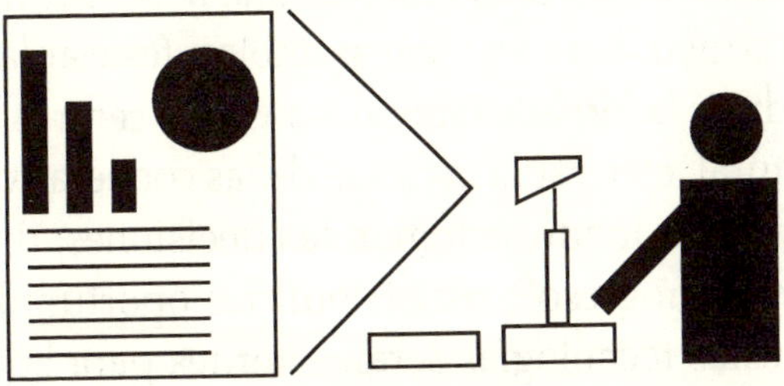

Fig.8.2 Pizarra informática

función de secretaría se modificará hacia los procesadores de textos, de tal forma que se pueda extraer información rápida y, en el papel o pantalla, de lo que se ha dicho en los últimos minutos o en los últimos años. También se podrán realizar textos de forma colectiva y simultánea para elaborar propuestas, ponencias, conclusiones, o simplemente escribir un cuento o llevar a cabo una especulación colectiva.

En el campo de la organización y gestión de los equipos y asociaciones son numerosas las facilidades de las que ya disponemos. Gran parte del trabajo mecánico que tanto quemaba a los socios más voluntariosos puede ser realizado por los ordenadores. Es el caso de la contabilidad, registro de socios, organización del correo habitual, elaboración de documentos, control de facturas, archivo de actas, etc.

Las nuevas tecnologías podrían favorecer la participación en el poder social. Aunque es poco previsible desde la lógica del poder, lo cierto es que podría verse facilitado con las posibilidades técnicas con las que hoy contamos. Al menos sería posible ensayarlo en comunidades organizadas que estén en la línea de fomentar la participación ciudadana en los asuntos de interés colectivo. Se pueden realizar consultas rápidas y masivas, recoger información para la toma de decisiones, llevar a cabo un *feed-back* de la comunidad ante medidas piloto, ampliar la participación en la elaboración de programas de gobierno, etc.

Con todos estos avances, si no trabajamos por conseguir más tiempo para tomar un café, saborear una manzana fresca, pasear junto al arroyo, convocar una asamblea, festejar las primeras lluvias, reducir la jornada laboral, construir centros de investigación cultural, mejorar la gerencia de las cooperativas, participar en los foros donde se toman las decisiones, diseñar otro concepto de "progreso", redistribuir las oportunidades, etc., entonces, estas tecnologías serán esteriles para la animación sociocultural.

Capítulo IX

Y después del libro, qué

Al finalizar el libro, te habrás encontrado con un cúmulo de conocimientos, ideas, técnicas, aportaciones, reflexiones... sobre la metodología de la animación sociocultural. Por ser ésta una disciplina aún relativamente nueva, todo intento de sistematizar y desarrollar conceptos e ideas que guíen y surjan de la intervención resulta en sí mismo de utilidad.

Bien es cierto que la sistematización, el rigor y, en definitiva, el criterio científico, otorgan fuerza y potencia al campo sobre el que se aplican. Sin embargo, la animación sociocultural está a falta todavía de buenas dosis de esta cientificidad. En este texto se han transferido aportaciones de diferentes campos científicos, no siempre relacionados con la animación sociocultural; de esta manera, hemos escogido, adaptado y desarrollado aquello que, en nuestra opinión, aporta eficacia y mejoras a los procesos de intervención sociocultural.

Se habrá echado en falta, no obstante, aspectos importantes por desarrollar en los que no se ha querido entrar, bien porque son temas ya discutidos o a discutir en otros foros, bien porque no pertenecen al aspecto estrictamente metodológico, que es el objeto de este libro. En cualquier caso, se han quedado cosas en el tintero: las múltiples acepciones de animación sociocultural -el avance se centraría no tanto en el terreno de las definiciones sino en su desarrollo práctico-; la dialéctica entre el papel de profesionales y el de voluntarios; el "perfil" del animador sociocultural; la denominación de "bálsamo", que, a la animación, otorga determinado tipo de análisis social -planteamiento crítico muy sugerente que excede, sin embargo, el contenido metodológico de estos capítulos.

Otro repertorio de ideas, no tan tratadas como los aspectos arriba mencionados, y sin embargo con mayor fuerza sugestiva, han quedado esbozados para futuras elaboraciones: el cambio social y el punto sin retorno al que la sociedad contemporánea parece llegar; la revolución tecnológica y su incidencia en la relación de fuerzas existente; nuevas concepciones de la cultura que, superando los conceptos clásicos, la orientan hacia su potencialidad para el desarrollo y realzan sus capacidades productivas.

Dos cuestiones más, sin resolver totalmente en el quehacer sociocultural, nos merecen especial atención, aunque aquí no se hayan desarrollado lo suficiente: por un lado, la caducidad de discursos sociales basados en las carencias y en los obstáculos -el lenguaje de la necesidad- frente al surgimiento de una nueva mentalidad, cuya fuerza reside en resaltar las posibilidades y las vías abiertas a la creación -el lenguaje de la alternativa-; por otro, un hecho que debería ser obvio en los procesos de animación sociocultural y que aún no lo es bastante: la generación de nuevos procesos, de naturaleza distinta, debería implicar la ruptura del cordón umbilical con la animación y el cambio de los métodos y procedimientos de ésta, por los apropiados a la nueva andadura, manteniendo -sin embargo- los procesos generados un marchamo especial característico de su origen, gracias al cual existen.

Al encuentro con la práctica

La sistematización y el desarrollo de los diferentes contenidos que en este libro aparecen es, en definitiva, resultado de la experiencia tanto en intervención como en formación y análisis, así como de la elaboración teórica que a partir de todo ello y de la transferencia de otros campos, se ha realizado. Queda mucho por hacer y se puede avanzar aún más; vaya, pues, una invitación a "manipular" y ampliar a fondo esta metodología, ya que al escribirla siempre se hace en dos dimensiones y la práctica, la realidad, tiene al menos tres. Por muchos libros y bibliografía que haya sobre un tema, no se descubre el alcance de muchos planteamientos hasta que se enfrenta teoría con práctica.

Esperamos que este libro haya sido sugerente para este encuentro con esa práctica. Ahora corresponde a los lectores trabajar sobre él e ir más allá de él mismo; con esta intención se ha elaborado: para contrastar y trabajar sobre las ideas sugeridas, para investigar o formular nuevas hipótesis sobre los procesos de animación sociocultural, para desarrollar sus contenidos, construir otros nuevos a partir de alguna idea sugerida y, necesariamente, superarlos.

Y por último...

La animación sociocultural es un instrumento para ir construyendo una sociedad alternativa; este libro es una propuesta metodológica para la intervención en este ámbito. La animación sociocultural implica trabajar con los valores de la participación y la solidaridad, y propone otro concepto de progreso y rentabilidad social. Creemos que los métodos no deben ser ajenos a los fines y que, en palabras de Marco Marchioni, *hoy ya no es suficiente luchar por objetivos justos; hay que luchar con métodos correctos*. Este libro apunta a esa dirección.

Bibliografía comentada

ANDER-EGG. E., *Metodología y práctica de la animación sociocultural*, Humanitas, Buenos Aires, 1984.

Ya un clásico en la bibliografía de la animación sociocultural. Abarca tanto el concepto de animación, como cuestiones metodológicas, en especial lo que se refiere al estudio de la realidad, la programación y el panorama de actividades.

LOPEZ DE CEBALLOS, P.,*Un método para la investigación-acción participativa*, Editorial Popular, Madrid, 1987.

Una forma interesante de analizar el medio para actuar en él a través de la participación. Además de explicar el método, presenta sugerencias para utilizar diferentes instrumentos de investigación.

MUCCHUELLI, R., *Preparación y dirección de las reuniones de trabajo*, Ibérico Europea de Ediciones, Madrid, 1984.

Un sencillo repaso a las cuestiones que hay que tener en cuenta en los diferentes tipos de reuniones con la finalidad de mejorar el rendimiento del grupo de trabajo y la satisfacción de los participantes. Trata cuestiones como facilitación de la participación, las formas de intervenir, la clasificación de las reuniones y el desarrollo de la creatividad del grupo.

SANCHEZ ALONSO, M., *Metodología y práctica de la participación*, Editorial Popular, Madrid, 1986.

Una exploración interesante sobre los mecanismos que regulan la participación y algunas aplicaciones prácticas. Analiza cuestiones como la información, la toma de decisiones, los planes de actividades, la motivación y la formación.

KOONTZ H. Y O'DONNELL. C., *Administración*, McGraw Hill, México, 1984.

Este es un manual de Administración, en el que se tratan todos los aspectos importantes—Fundamentos de la Teoría y de la Ciencia de la Administración, Planificación, Organización, Integración de personal, Dirección y Control—desde una perspectiva de las Ciencias de la Administración y desde un punto de vista empresarial. Es un manual organizado didácticamente y que puede resultar un buen libro de consulta siempre y cuando se traduzcan los términos y conceptos empresariales en los que está escrito a un lenguaje que pueda ser ajustado y útil a la animación sociocultural.

ESPINOZA VERGARA, M., *Programación. Manual para trabajadores sociales*, Humanitas, Buenos Aires, 1984.

Libro-repertorio de métodos para programar la tarea de los trabajadores sociales; muy centrado en el carácter de servicios sociales de aquellos es un libro útil -sin embargo- por su claridad y sencillez. Introduce elementos pertenecientes a otros pasos del proceso metodológico. Ofrece técnicas y mecánicas de aplicabilidad inmediata.

— *Evaluación de proyectos sociales*, Humanitas, Buenos Aires, 1983.

Del mismo autor que el anterior, este libro ofrece una buena panorámica general de la evaluación de programas, de modo sencillo y claro. El diseño de la evaluación lo centra en exceso en los métodos experimentales o cuasi-experimentales y en la medición a través de indicadores exclusivamente cuantitativos. Sin embargo, da muy buenas ideas sobre el concepto de retroalimentación, cuáles son los problemas más frecuentes en una evaluación, y ofrece una serie de guías prácticas que pueden resultar muy útiles en algunas situaciones evaluativas.

STUFFLEBEAM D. L., Y SHINKFIELD, A. J., *Evaluación Sistemática. Guía teórica y práctica.* Paidós/MEC, Madrid, 1987.

Libro recientemente traducido al castellano y que ofrece un buen análisis comparativo de los modelos de evaluación que se han ido conformando, principalmente, en EE.UU. Puede resultar un buen punto de referencia, no sólo porque se ve la evolución de un modelo a otro, sino también porque en el estudio de esos modelos se pueden encontrar buenas ideas y sugerencias para muy distintas situaciones evaluativas. Asímismo, puede ayudar a situarse y a formar un buen marco de referencia teórico sobre evaluación.

Otra Bibliografía de interés

ALBERT L. & SIMON P., *Las relaciones interpersonales*, Herder, Barcelona, 1979.

ANDER-EGG. E., *Metodología y práctica del desarrollo de la comunidad*, El Ateneo, Mexico, 1982.

ANDER-EGG. E., *Introducción a la planificación*, Humanitas, Buenos Aires, 1983.

ANDER-EGG. E., *Técnicas de investigación social*, Humanitas, Alicante, 1983.

ANDER-EGG. E., *Técnicas de reuniones de trabajo*, Humanitas, Alicante, 1985.

ANDREOLA, B., *Dinámica de grupo*, Sal Terrae, Santander, 1984.

ANTONS, K., *Práctica de la dinámica de grupos*, Herder, Barcelona, 1978.

BRUNET, J.J., *Tutoría con adolescentes*, S. Pío, Madrid, 1984.

CIRIGLIANO Y VILLAVERDE, *Dinámica de grupos y educación*, Humanitas, Buenos Aires, 1970.

CORDRAY, D.S. Y LIPSEY, M.W., *Evaluation Studies Review Annual, Volume 11*, Beverly Hills, Sage, 1986.

COSTA, M. Y LOPEZ, E., *Salud comunitaria.* Martínez Roca, Barcelona, 1987.

CRONBACH, L.J. Y OTROS., *Toward the reform of program evaluation*, San Francisco, Jossey-Bass, 1980.

CRONBACH, L.J. Y OTROS, *Designing evaluations of Educational and Social Programs*, San Francisco, Jossey-Bass, 1982.

DE CASTRO. A., *La animación cultural, nuevas perspectivas*, Diputación de Valladolid, Valladolid, 1987.

DE CASTRO. A., *Aulas de cultura en el medio rural*, Ed. Popular, Madrid, 1987.

DELBECQ, A., *Técnicas grupales para la planeación*, Trillas, Mexico, 1984.

DEMORY, B., *Cómo dirigir y animar las reuniones de trabajo*, Deusto, Bilbao, 1985.

DEL VALLE, A., *La animación social y cultural*, Marsiega, Madrid, 1972.

DIPUTACION GENERAL DE ARAGON, *Evaluación de los Servicios de Base en Aragón*, Zaragoza, Colección Aragón de Bienestar Social, 1985.

Documentacion Social n°49, "Animación Sociocultural", Caritas Española, Oct-Dic 1982.

Documentacion Social n°69, "Metodología para el trabajo social", Caritas Española, Oct-Dic. 1987.

Documentacion Social n°70, "Animación Sociocultural, Modelos de Intervención", Caritas Española, En.-Mar. 1988.

FILLEY, A.C., *Solución de conflictos interpersonales*, Trillas, Mexico, 1985.

FUSTIER, M., *Pedagogía de la creatividad*, Index, Madrid, 1975.

HAWLEY A.H., *Ecología Humana*, Tecnos, Madrid, 1982.

HERNANDEZ A., *Escritos sobre promoción sociocultural*, Diputación de Valladolid. Valladolid, 1987.

HOSTIE, R., *Técnicas de dinámica de grupos*, Icce, Madrid, 1977

HOUSE, E.R., *Assumptions Underlying Evaluation Models, Educational Researcher, 7, 3,* 1978.

HUBER. G.P., *Toma de decisiones en la gerencia*, Trillas, Mexico, 1984.

HUICI, C., *Estructura y procesos de grupo*, UNED, Madrid, 1985.

IBAÑEZ, J., *El grupo de discusión*, Siglo XXI, Madrid, 1979.

KATZ, D., *Psicología social de las organizaciones*, Trillas, Mexico, 1977.

LIMBOS, E., *Cómo animar un grupo*, Marsiega, Madrid, 1979.

LINCOLN Y.S. Y GUBA E.G., *Naturalistic Inquiry Beverly Hills: Sage, 1985, Utilization-focused evaluation*, Beverly Hills, Sage, 1978.

LUFT, J., *La interacción humana*, Marova, Madrid, 1976.

MAILHIOT, B., *Dinámica y génesis de los grupos*, Marova, Madrid, 1980.

MARCHIONI, M., *Planificación social y organización de la comunidad*, Ed. Popular, Madrid, 1987.

MEIGNIEZ, R., *El análisis del grupo*, Marova, Madrid, 1977

MILLER, G.P., *Cómo decidir mejor y más rápido*, Deusto, Bilbao, 1986.

MUCHUELLI, R., *La dinámica de los grupos*, Iberico Europea, Madrid, 1977.

PAGES, M., *La vida afectiva de los grupos*, Fontanella, Barcelona, 1977.

PALLARES, M., *Técnicas de grupo para educadores*, Icce, Madrid, 1980.

PATTON, M.Q., *Qualitative Evaluation Methods*, Beverly Hills, Sage, 1980.

— *Practical Evaluation*, Beverly Hills, Sage, 1982.

QUINTANA, J.M., *Fundamentos de la animación sociocultural*, Narcea, Madrid, 1985.

RICCARDI, R., *Cómo dirigir una reunión e informar ante un grupo*, Deusto, Bilbao, 1984.

SCHUTZENBERGER, A.A., *Introducción al role-playing*, Marova, Madrid, 1976.

SCRIVEN, M.S., "The Methodology of Evaluation". En *Perspectives of curriculum Evaluation* (AERA Monograph Series on Curriculum Evaluation, n. 1. Rand McNally, Chicago, 1967.

SHAW, M.V., Dinámica de Grupo, Herder, Barcelona, 1980.

WEISS, C.H., *Investigación evaluativa*, Mexico, Trilla, 1975.

Indice